L'amour ne peut mourir

DU MÊME AUTEUR
CHEZ LE MÊME ÉDITEUR

L'amour me connaît - Les écrits de Marcel Van, collection «Lumière», série *Paroles de Lumière*.

L'enfant de l'aurore - La correspondance de Marcel Van, collection «Lumière», série *Paroles de Lumière*.

Infinie sa tendresse, collection «Lumière», série *Jeunesse-Lumière*.

Ce Jésus que tu cherches, collection «Lumière», série *Jeunesse-Lumière* (en collaboration avec Daniel-Ange).

Nés pour aimer – Thérèse et les jeunes, collection «Lumière», série *Jeunesse-Lumière*.

Carmel, horizon 2000, collection «Des Chrétiens».

AUX ÉDITIONS DU SARMENT-FAYARD
des collections au service de la Parole

*Consultez en fin de volume
les ouvrages disponibles*

MARIE-MICHEL

L'amour ne peut mourir

Vie de Marcel VAN

Collection Lumière
Série Témoins de la Lumière

Le Sarment
FAYARD

Nihil obstat
Père Guy-Joseph Merlin, Provincial o.c.d.
Province Avignon-Aquitaine, le 1er octobre 1989.

Imprimatur
Monseigneur Louis Boffet
Evêque de Montpellier, le 2 février 1990.

La totalité des droits d'auteurs
de cet ouvrage est versée en faveur
des enfants pauvres du Sud-Est asiatique.
Vous pouvez vous associer à cette
action en vous adressant à :

« Enfants du Mékong »
5, rue de la Comète
92600 – ASNIÈRES
Tél. : 01 47 91 00 84

© Librairie Arthème Fayard 1990, 1998.
ISBN 2-866-79262-9.

« Dis-moi qu' c'est pas certain
que l'amour s'éteint...
comme l'or des musées
le bleu des vieux blue jean usés... »
Julien Clerc

« Je ne regarde ni au loin
ni près de moi...
Je ne regarde que Celui que
mon cœur aime...
Au moment même où je l'aime,
Je constate que mon bonheur
est déjà infini...
L'Amour ne peut mourir... »
Van

« Rien ne peut m'enlever
l'arme de l'Amour. »
Van

Un enfant, un adolescent, un jeune homme,
un pauvre entraîné dans la tourmente
d'un pays broyé par la guerre...
Mais d'abord et surtout un cœur d'enfant,
plein d'humilité, de foi, de pureté et d'amour.
Une « petite fleur » qui reçoit et transmet
la bonne odeur de Thérèse,
Thérèse de l'Enfant-Jésus dont il partagea l'intimité
pendant de longues années.

Marcel Nguyen Tan Van :
Un cadeau pour l'Église du Viêt-nam,
Un cadeau pour toute l'Église,
Une invitation lancée aux jeunes du monde entier...

Paul-Joseph Cordes,
Archevêque titulaire de Naisso,
Président du Conseil pontifical *Cor Unum*.

PREFACE

« Petit frère », tu es notre « grand frère » !

Tu es tellement notre « petit frère », toi Van, si lointain et pourtant si proche... Petit paysan inconnu, né entre les deux guerres dans l'un de ces tout petits villages perdu dans les rizières quelque part au Tonkin. Enfant humble qui n'a laissé nulle trace visible des hommes, dans l'histoire tourmentée de ton temps... Lorsque dans les années soixante, l'actualité médiatisée a commencé à soulever un coin de notre indifférence, sitôt retombée, ton corps léger, si léger, avait déjà précédé dans cette terre du Vietnam celle des milliers de victimes anonymes de ton pays exangue.

Van, tu es le petit frère des mal aimés, de l'enfant qui ne sait à qui ouvrir la tendresse dont son cœur est gonflé. Tu es le petit frère de ceux qui étouffent des sanglots, recroquevillés dans leur lit lorsque la maison dort. Tu es le petit frère de tous les incompris, de ceux dont on se moque et qui se lovent sur un amour trop grand. Tu es le petit frère des enfants trompés, enjeux innocents de disputes où sombrent leurs certitudes. Tu es le petit frère des enfants purs que des adultes viennent souiller... peuple immense qui vient battre les trottoirs de nos villes, déborde jusqu'en nos maisons, emporté par le flot chaque jour plus boueux des médias à la mode, des audimats triomphants et des minitels véhiculés par les services publics. Tu es le petit frère des gosses de la rue, exploités par les touristes, terrorisés par les patrouilles, agglutinés aux abords des hôtels de luxe.

Van, tu es notre «petit frère» à tous car, en chacun de nous, sommeille cet enfant mal aimé, renfermé sur quelque plaie secrète, trompé dans un amour, et entre nos ronces, sourd malgré tout la petite source pure dont le temps fêlerait le cristal. Nos lourdes peines d'adulte, comme elles ressemblent à ces chagrins qui secouaient nos dix ans! Trop souvent devenus bourreaux, nous redécouvrons auprès de toi que nous étions surtout victimes. Comme tu es proche, petit frère Van! Petit enfant tellement éloigné par la géographie, la culture, la langue, les conditions de vie, enfant pauvre et frêle, tu es devenu plus proche de nous que le plus proche. Laissons s'épanouir doucement la petite musique de ce livre merveilleux et fraternel, qui nous rejoint dans ce coin de notre jardin où sommeille un peu de notre enfance perdue. Nous voici gambadant avec toi sur le muret des rizières à la poursuite du buffle solennel et doux, ou encore planté sur les épaules de notre père, et nous nous taisons saisis par la douceur du soir... Ces rêves naïfs, ces projets moqués par les grandes personnes, c'étaient nos rêves, c'étaient nos projets! Comme nous t'aimons, petit frère Van! Enfant étrange au cœur sensible, nous étions de ton pays, de ta langue et de ton temps avant que l'âge ne vienne nous exiler au pays aride des gens raisonnables, empêtrés, cloisonnés.

«Petit frère» Van, tu es notre «grand frère»!

Car ce livre qui aurait pu n'être qu'un chef d'œuvre de littérature enfantine comme le sont pour notre joie et notre émotion, le *Journal d'Anne Franck* ou *l'Enfant du Liban*, voici qu'il bascule soudain dans l'inéffable. D'un coup d'ailes, l'enfant Van s'élève nous laissant désemparés, englués au terrain où nous pensions tout partager de ses peines et de ses joies. Nous sommes au bord du mystère, mieux, nous allons y accéder éblouis et incertains, retenant notre souffle. Attention ! les scribes et les pharisiens n'apprécient pas trop cela. Ils n'apprécient pas trop qu'une jeune fille nommée Thérèse se mêle ainsi d'aimer sans leur permission, et en dehors de leurs plans pastoraux, un petit garçon inconnu et pas trop recyclé. Ne montrons pas trop vite du doigt ces docteurs de la loi. Car ce qu'il nous dit, est de l'ordre de que déclarait cet enfant qui constatait tranquillement que le roi était nu. Les courtisans n'aiment pas cela non plus... et nous sommes volontiers courtisans d'une idéologie ou d'un puissant de ce monde. Voici que Thérèse livre au petit Van, et rappelons qu'il s'agit d'un petit bonhomme vivant à l'autre bout de notre monde avant la dernière guerre mondiale, un certain nombre de prédictions plutôt embarrassantes pour les conformismes de tout poil où nous nous vautrons aujourd'hui. Tout cela entre un jeux de billes et quelques uns de ces conseils pratiques que donnent à leur petit frère, les grandes sœurs aimantes.

L'essentiel n'est pas là : l'essentiel, c'est la plongée dans le cœur de notre Dieu. Les questions de Van, ce sont nos questions et les réponses de Thérèse, ce sont celles que notre cœur attendait, depuis si longtemps parfois. Merci, père Marie-Michel, de nous livrer ces pages simples et brûlantes.

Enfin, comment ne pas évoquer tous ces enfants viet-namiens d'aujourd'hui, si nombreux, affolés de napalm, de représailles, de camps de rééducation, de tortures, de faim, de viols, de solitude absolue, de tout ce que peut inventer le mal déguisé en idéologie, et qui n'ont trouvé le repos que dans la mort. Peuple immense et silencieux dont le silence même crie justice à la face de notre Dieu, voix de ceux qui ont eu faim, soif, qui étaient sans foyer, nus, malades, en prison et dont nous avons détourné les yeux. Ah! Si nous avions su que ces boat-people qui meurent en direct sur nos écrans de télévision, c'était le Seigneur Lui-même, comme nous nous serions précipités! Comme nous aurions stoppé nos navires pour les recueillir, comme nous les aurions visités dans les camps de Thaïlande, comme nous aurions ouvert nos frontières, comme nous aurions fait place dans nos maisons, partagé nos richesses, alerté nos amis, fait jouer nos relations, élargi notre table familiale, ouvert notre cœur!

Voici que l'Eglise du Vietnam, sainte et martyre, nous fait ce cadeau inouï d'un petit frère qui serait resté inconnu comme tant d'autres que nous découvrirons au Ciel, si un étonnant chemin ne l'avait enfin conduit jusqu'à nous. Petit frère Van, grand frère Van, d'un coup tu nous rends au centuple le peu que nous avions cru faire pour ces autres enfants du Vietnam rescapés d'un drame où notre honneur a trop souvent sombré dans l'océan de notre égoïsme. Dans sa miséricorde, le Seigneur t'envoie à nous comme un messager de la dernière chance. Pour tenter de nous toucher, Il a choisi une toute jeune fille de province, Thérèse et toi, Van, petit garçon fragile. «Je te rends grâce,

Père, d'avoir caché cela aux puissants et aux sages et de l'avoir révélé aux tout petits... »

Jean-Claude DIDELOT
Président des « Enfants du Mékong »

INTRODUCTION

IIIe millénaire : une étoile se lève à l'Extrême-Orient

Avec Thérèse : la sainteté aux mains vides

Toute la vie de Van est traversée par un désir de fond : devenir *un saint,* devenir Amour, devenir libre en Dieu. Mais devant les duretés répétées de la vie et la rigidité religieuse de son milieu, ce désir va s'épuiser. De plus, la sainteté des « grands » de l'Église ne fait que mettre en relief *son extrême faiblesse,* son incapacité. Il est confronté au désespoir ou à la résignation. Épris d'absolu, il ne peut se résigner et va jusqu'au bout du tunnel. N'ayant plus aucun repère, il touche *l'enfer* de ne plus se sentir aimé :

> « En peu de temps, j'en vins à me considérer comme un *être abject.* Le démon faisait naître en moi cette pensée : si les hommes ne peuvent plus me supporter, comment Dieu me supporterait-il davantage ? Je vais bientôt mourir... et tomber en enfer... Dieu me jugera dès ici-bas [1]... »

---

1. *L'Amour ne peut mourir,* p. 118.

Le vertige du vide, l'écroulement des illusions, l'angoisse de la solitude jusqu'à se sentir exclu de tout amour... n'est-ce pas là *la tentation* la plus dangereuse de notre civilisation ?

Mais au cœur de la nuit, une étoile : Marie. Dans la tendresse de sa Mère, Van retrouve la confiance et accepte l'attente. Le génie est *donné* à l'enfant qui espère en silence. Comme le petit garçon de l'Évangile, Van n'a que cinq pains et deux poissons à offrir à Jésus (Jn 6, 9). Mais le Christ peut tout si l'enfant a une confiance absolue...

C'est en lisant l'*Histoire d'une âme* que Van est définitivement éclairé et libéré :

> « J'ai compris alors que Dieu est Amour et que l'Amour s'accommode de *toutes les formes* de l'amour. Je puis donc me sanctifier au moyen de toutes mes petites actions... un sourire, une parole ou un regard pourvu que tout soit fait par amour. Quel bonheur ! Thérèse est *la réponse* à toutes mes questions sur la sainteté. Désormais, je ne crains plus de devenir un saint. J'ai enfin trouvé ma voie [1]... »

Thérèse révèle à Van un Dieu qui s'abaisse vers lui, l'aime tel qu'il est et s'intéresse à tout ce qu'il vit. Elle le libère de l'angoisse d'y arriver et lui apprend la sainteté qui se reçoit *les mains vides*. Un mystère de pauvreté où Dieu se donne au petit qui ne désire que l'aimer : « L'enfance spirituelle, c'est l'infini désir dans la totale impuissance [2]. »

---

1. *L'Amour ne peut mourir,* p. 148.
2. Cardinal Jean Daniélou, Revue *Thérèse de Lisieux,* décembre 1994, n° 740, p. 11.

Ainsi, Van devient le petit frère « choisi » de Thérèse pour accomplir ici-bas et surtout au ciel, une grande mission spirituelle :

> « Tu seras désormais mon petit frère, tout comme tu m'as choisie pour être spécialement ta grande sœur... C'est Dieu qui a ménagé cette rencontre. Il veut que les *leçons d'amour* qu'Il m'a enseignées autrefois dans le secret du cœur se perpétuent en ce monde. C'est pourquoi il a daigné te choisir comme *petit secrétaire* pour réaliser son œuvre. Cette rencontre est voulue pour te faire connaître ta belle mission [1]... »

Espiègle, audacieuse, désarmante, inattendue... la vie de Van est remplie de cette enfance spirituelle dont Thérèse est un phare. Son extrême fragilité l'a fait basculer du côté des pauvres qui ne comptent plus que sur Dieu. On a le droit d'être incapable si l'on veut bien se laisser aimer par Celui qui est miséricorde. C'est le cœur de l'Évangile où le pauvre est exalté, où l'enfant devient roi. Van et Thérèse sont les prophètes de la spiritualité du IIIe millénaire où la faiblesse n'est plus une fatalité mais porte ouverte sur le ciel du Cœur de Dieu.

Petit frère des enfants blessés et exploités

Déceptions et violences vont se succéder dans la vie de Van. Lui qui voulait vivre une authentique vie évangélique et réaliser sa vocation en Église, voici qu'il est marginalisé, battu, tourné en dérision... et subit deux tentatives de viol de la part d'un adulte. On

---

1. *L'Amour ne peut mourir*, p. 153.

finira même par le culpabiliser de communier à la messe pour l'éprouver dans sa foi. Résultat dramatique :

> « À partir du jour où je cessai de communier à chaque messe, j'avais *la nostalgie* de quelque chose qui se trouvait hors de ma portée. Une tristesse étrange provoquait en moi de violents accès de fièvre... J'avais perdu l'appétit, je dormais peu et un rien m'impressionnait. Mon visage était devenu pâle et décharné [1]... »

Van, comme tu ressembles à ces milliers de gosses séquestrés et battus dans nos grandes métropoles. Privés de toute tendresse, ils se durcissent ou se murent dans le silence. Leurs cris étouffés viennent *déranger* nos consciences car c'est peut-être à deux pas de chez nous qu'ils souffrent en secret et subissent l'inacceptable.

Peu à peu, le petit Van connaîtra aussi une nouvelle forme de violence, celle de l'exploitation. Il devient une sorte de « boy » qui ne coûte rien :

> « Maintenant, je dois en plus accepter de devenir esclave : *une espèce d'esclave* qu'on traite encore avec un peu d'humanité, c'est-à-dire qu'on n'a pas le droit de mettre à mort. Mais pour le reste : les affronts, les insultes, la faim, le froid, les coups, l'injustice, j'ai dû endurer tout cela sans jamais oser desserrer les dents [2]... »

Van, tu es vraiment le petit frère de ces enfants du tiers monde exploités dans les mines ou au fond des caves. Nouveaux esclaves soumis au bon vouloir du

---

1. *L'Amour ne peut mourir*, p. 83.
2. *L'Amour ne peut mourir*, p. 88.

pouvoir économique ; ils perdent peu à peu leur dignité dans l'enfer de la rentabilité.

Fuyant pour vivre, Van découvrira aussi la dure loi de la rue. Livré à lui-même, il va errer dans les villes et devenir l'enfant de nulle part :

> « Je rôdais sur la place du marché en offrant mes services. Je transportais de l'eau et lavais la vaisselle dans les auberges. Je travaillais un jour ici, un jour là, et quand il me restait un peu de temps, j'entrai dans une église visiter le Saint Sacrement et dire mon chapelet... Les maîtres des restaurants me payaient en me donnant à manger les restes des clients. Ignorant d'où je venais, les gens me prenaient pour *un enfant égaré* lors de l'entrée des Japonais à Long-Son [1]... »

Appâté un jour par un couple sordide, il se retrouve séquestré dans leur maison pour être vendu. Juste avant la fin de la transaction, il réussira à s'enfuir... Écœuré d'être toujours humilié et exploité, il ne lui reste plus qu'à faire la manche :

> « Mon métier allait consister désormais à *tendre la main* aux passants qui circulaient de l'église à la gare et de la gare à l'église. À cette époque je menais une vie très irrégulière. Quand il faisait beau, tout allait bien, mais il y avait des jours de pluie... J'étais tantôt rassasié, tantôt affamé ; la nuit venue, je me couchais au pied de quelque gros arbre ou sous les auvents, en bordure de rue [2]... »

Van, par ta vie errante, tu annonces la misère future des enfants actuels de Manille, Bangkok ou Bogota qui « zonent » dans les rues à travers l'enfer de la drogue

---

1. *L'Amour ne peut mourir,* p. 108.
2. *L'Amour ne peut mourir,* p. 114.

et de la prostitution. L'immense détresse d'un enfant livré à la solitude de la rue, qui la comprendra ? La blessure mortelle d'un enfant asservi aux délires de la pornographie, qui la pleurera ? Rien ne justifie l'humiliation d'un enfant. Le mépris des petits condamne notre avenir. L'exploitation de l'enfance est *la dérive ultime* qui annonce la fin tragique d'une civilisation.

L'apôtre caché de l'Amour

Van avait tout sacrifié pour devenir prêtre, mais un jour Thérèse lui annonce que Jésus attend de lui autre chose... Comme sa sœur, il doit devenir amour caché et fécond au cœur de l'Église. Jésus le lui confirme un jour : « Tu seras *l'apôtre caché* de mon amour [1]. »

À partir de là, Van désire comme Thérèse s'asseoir à la table des pêcheurs et ramener tout contre le cœur de Dieu les enfants de l'ombre, pour que tous soient sauvés... Mais où réalisera-t-il cette vocation ? Comme les Carmes sont absents du Viêt-nam, il se met à rêver de devenir carmélite !... Finalement, après plusieurs signes, il entrera chez les Rédemptoristes. À travers nuits et épreuves, il nous laisse entrevoir la beauté caché de sa mission :

> « Je suis *un pétale* tombé de la fleur, la petite Thérèse, je vais m'envoler jusqu'aux limites les plus reculées du monde pour que la terre, enivrée du parfum de l'Amour, aille à la recherche du divin Ami.
>
> « Jésus ! Je suis *l'humble pétale* de la fleur, ma sœur Thérèse, ayant à accomplir la même mission qu'elle : te faire connaître et aimer dans le monde.

---

1. *L'Amour me connaît,* p. 223.

« Cette mission, à la fois prodigieuse et mystérieuse, la plupart voudraient bien l'assumer, mais ils sont peu nombreux ceux qui le veulent sincèrement, car en ce monde, il faut vivre dans le cadre d'une vie cachée... sacrifier le faste et les belles apparences [1]... »

À travers l'humble quotidien, Van expérimente qu'il peut rayonner partout dans la foi :

« Avec mes mains qui nettoient les marmites, j'ai le pouvoir de sanctifier le monde entier. Qui suis-je ? Un religieux qui vit dans la foi [2]. »

Dans une lettre admirable à un enfant, il écrira vers la fin de sa vie comme *un testament spirituel :*

« L'Amour ne meurt pas ! Et je sais que mon corps demeurera jusqu'à la fin de ma vie un holocauste parfait. Parce que *l'Amour ne peut mourir,* il continue d'aimer sans aucune limite au temps... aie confiance, Nghi ! Se décourager, c'est faire une tache sur le Visage de Dieu... car on considère qu'il ne peut rien pour nous...

Toutes les inquiétudes qui se présentent à notre esprit sont comme *la voix de Dieu* qui nous rappelle la nécessité de la prière et de la vraie confiance qui s'abandonne... Voilà, j'ai tout dit !... Tout se résume dans " l'amour " et " la confiance ". Mets cela en pratique et tu vivras toujours dans la paix [3]. »

Comment ne pas se souvenir ici de la parole de Thérèse : « C'est la confiance et rien que la confiance qui doit nous conduire à l'Amour » ? Sa petite voix est

---
1. *L'Amour me connaît,* p. 233-234.
2. *L'Amour me connaît,* p. 230.
3. *L'enfant de l'Aurore,* correspondance de Marcel Van, lettre 143.

passée en plénitude dans le cœur de Van. Elle qui voulait mourir martyre au Viêt-nam a réalisé son rêve à travers son petit frère vietnamien.

Aujourd'hui, le procès pour la béatification de Van a débuté. Mais nul doute que la parole de Jésus à Van se réalise déjà :

> « Au ciel, je te donnerai *pour mission* d'aider ta grande sœur Thérèse à inspirer au monde la confiance en mon amour. »

Dans une civilisation à bout de souffle, accueillons le message urgent de Van et Thérèse. Là est cachée la spiritualité du IIIe millénaire. Là se prépare la civilisation de l'Amour.

Marie-Michel

PROLOGUE

COMME UNE FLEUR
CACHEE AU COEUR DE DIEU

*« Ma destinée est d'être
un pétale détaché »*
Van

*« De même que le soleil éclaire
en même temps les cèdres et chaque
petite fleur comme si elle était
seule sur la terre, de même Notre-Seigneur
s'occupe aussi particulièrement de
chaque âme que si elle n'avait pas
de semblable ».*
Sainte Thérèse de l'Enfant-Jésus.

Le mystère d'une fleur

Une fleur a *un langage secret*, silencieux. Depuis longtemps, les hommes s'en émerveillent. Aux saisons chaudes, qui n'a remarqué le mystérieux mouvement de certaines d'entre elles : tournées dès le petit matin vers l'aurore, elles s'entrouvent aux premiers rayons de soleil et suivent sa course jusqu'au soir. Seule sa lumière les ouvrent et les rend belles...

Ainsi, dès le début, Van choisit le symbole de la fleur pour « dire » *une réalité profonde*. De la race de Thérèse, ce petit bonhomme de Vietnamien veut mettre en lumière le mystère essentiel de sa vie : la Miséricorde infinie de Dieu. Chaque instant n'en est que la manifestation progressive. Hésitant, maladroit ou fragile, il se sait aimé d'un « Amour d'ineffable prévoyance » [1]. Il peut donc écrire à son Père spirituel :

---

1. Ste Thérèse de l'Enfant-Jésus, *Histoire d'une âme*, Cerf, MS. A 3r°.

> Père,
> Trois fois déjà je vous ai raconté l'histoire de mon âme, mais chaque fois ce fut un échec; je dois donc recommencer encore une fois. Vraiment, ce n'est pas brillant, et je pense que vous êtes fatigué d'attendre... Mais après avoir pesé le pour et le contre, surtout depuis que j'ai lu dans *Histoire d'une âme* cette phrase que sainte Thérèse s'applique à elle-même: «Si une petite fleur pouvait parler, il me semble qu'elle dirait simplement ce que le Bon Dieu a fait pour elle, sans essayer de cacher ses dons sous prétexte d'humilité» [2]. Je me plais, moi aussi, à voir mon âme comme *une petite fleur sortie des mains de Dieu*. Je puis donc chanter avec vous, mon Père, un cantique de louange à la Miséricorde infinie de Dieu.»

Un enfant-lumière

Comme bien d'autres saints ou spirituels avant lui, Van a rédigé l'histoire de sa vie par obéissance. Rejoint dans son âme d'enfant, il s'est senti à l'aise pour accueillir la volonté de Dieu:

> «Mon Père, dès notre première rencontre au noviciat pour la direction spirituelle, vous m'avez questionné de vive-voix sur les grâces reçues depuis mon enfance... et j'ai senti qu'il vous avait été donné de rejoindre en profondeur *mon âme d'enfant*. Nullement étonné ou

---

[2]. Ste Thérèse de l'Enfant-Jésus, op. cit. MS. A 3v°, qui poursuit: «la fleur qui va raconter son histoire se réjouit d'avoir à publier les prévenances tout à fait gratuites de Jésus, elle reconnaît que rien n'était capable en elle d'attirer ses regards divins et que *sa Miséricorde seule* a fait tout ce qu'il y a de bien en elle...»

gêné par votre attitude, j'ai parlé spontanément pour la première fois, car de tempérament timide, je n'avais jamais parlé de ces grâces à personne. Une autre fois, vous m'avez demandé de mettre tout cela par écrit... »

Dans un raccourci saisissant et inépuisable de sens à toutes les étapes de la vie chrétienne, Thérèse écrit au début de son histoire : « *La perfection* consiste à être ce qu'Il veut que nous soyons » [3]. Nous avons *le pouvoir de devenir unique* dans l'amour du Christ. Cela ne nécessite pas de faire des choses extraordinaires, mais de réaliser humblement, jour après jour, le rêve du Père. C'est le bonheur de devenir soi-même en Dieu. Celui de Van. Ne pressent-il pas d'ailleurs que le mystère de sa vie va devenir lumière pour beaucoup ?

« Je ne sais si ce que j'écris ici aura quelque influence sur les âmes qui viendront après moi ?... Toutefois, mon unique but est d'accomplir parfaitement la volonté sainte de Dieu. Jusqu'à ce jour, je n'ai jamais voulu paraître comme un instrument de la grâce pour les âmes. Mon unique destin est d'être *une fleur silencieuse* qui cache sa beauté au Cœur de Dieu.
Cependant, Dieu n'est pas lié par mon désir. Il me semble au contraire vouloir réaliser cette parole sortie de sa bouche : « On n'allume pas une lampe pour la mettre sous le boisseau, mais bien sur le lampadaire, où elle brille pour tous ceux qui sont dans la maison. » (Mt 5, 15). Il a donc voulu que je révèle ma beauté et répande mon parfum au grand jour pour bien remplir ma destinée de fleur... »

---

3. MS A 2v°.

Lumière d'enfance et parfum de simplicité... La vie de Van vient nous bousculer dans nos attitudes intérieures souvent durcies par la vie. Laissons Dieu nous parler à travers lui où la maturité évangélique se révèle une fois de plus enfance spirituelle.

Une vie gravée dans un cœur

Claudel aimait à dire de la Vierge Marie: elle est *«l'œil qui écoute»*. Observation profonde, car de Bethléem au Golgotha, Marie n'a cessé de poser sur Jésus un regard mystérieux. De son Fils comme de ceux qui l'approchaient, elle n'a perdu aucune parole, aucun geste, aucun regard. Tout l'Evangile s'est inscrit dans son cœur.

Il en va de même pour chaque enfant de Dieu. Van en est persuadé: Elle est la Mère qui fait naître et le cœur qui se souvient; entre nous et Jésus, elle est *porte de tendresse*:

> «Avant de commencer mon récit, je me jette à genoux pour demander à Marie, la mère toute belle, de bien vouloir m'aider dans ce travail. Car toutes les grâces que Dieu m'a accordées sont passées par ses mains maternelles. De plus, tous les bons sentiments et belles pensées que j'ai fait monter vers le Ciel, c'est encore elle qui les a fait naître doucement dans mon cœur... *Le Cœur de Marie est vraiment un livre* où s'est inscrit clairement la vie de chacun de ses enfants. Tout ce qui arrive *se grave* au fur et à mesure dans ce cœur. Ainsi, O Mère toute Bonne, je recours à toi. Guide ma main et ne permets pas que j'écrive selon mes

pensées personnelles, mais uniquement selon les faits tels qu'ils sont gravés dans ton cœur. »

Une telle prière est garantie d'authenticité. Dans le récit de sa vie, Van essaiera d'écarter au maximum sa subjectivité pour s'ajuster à la réalité. La transparence du Cœur de Marie sera sa mémoire.

Le pétale et la fleur

Après avoir prié la Sainte Vierge, Van invoque ensuite son ange gardien et tous les saints pour obtenir « patience et lumière » dans l'accomplissement de la volonté divine. Enfin, il se tourne vers « sa sœur Thérèse » :

> « Je recours tout spécialement à toi, ma sœur Thérèse de l'Enfant-Jésus, *la plus aimable des sœurs* que j'ai rencontrée dans ma vie. Grâce à toi, j'ai connu ma vocation ; avec toi, j'ai aimé Jésus. Et si aujourd'hui, je connais un peu le cœur de Dieu, si la foi et la confiance sont devenues *mon lieu de paix*, c'est encore à tes enseignements que je le dois. Ma vie ressemble tant à la tienne : même tige, même parfum, même beauté. S'il existe une différence, elle provient uniquement de la grâce de Dieu qui varie selon les époques. En ce jour, ma sœur, ne m'oublie pas. Aide-moi de nouveau. Redis-moi les chants d'amour et les paroles intimes d'autrefois. Aide-moi à raconter l'histoire de mon âme comme tu as dû le faire jadis par obéissance. Ma petite âme n'a rien qui mérite d'être raconté. Cependant, pour répondre aux exigences de l'Amour, j'obéis avec promptitude... « La volonté de Jésus, voilà

tout ce que je désire » ; c'est là une parole que tu m'as répétée avec insistance. Thérèse, je compte sur ton aide ! »

Ainsi, Van sait que sa sœur ne lui manquera pas pour ce travail de rédaction. Mais sa prière, déjà, nous emmène plus loin : Thérèse n'est pas seulement un appui ponctuel dans les différentes étapes de sa vie... Elle est son *petit maître spirituel* et sa « sœur d'âme ». Celle qui l'a définitivement engagé sur la voie de l'enfance spirituelle et lui a fait pressentir le mystère de la Miséricorde. Avec elle, il veut « rendre témoignage à l'Amour infini du Cœur de Dieu. »

Van, Thérèse : *un air de famille certain*. Ecoutons-le :

> « En toute simplicité, je veux prendre comme modèle l'Histoire même de sainte Thérèse. Par conséquent, si dans mon récit il se trouve des passages semblables, il ne faudra ni rire, ni m'accuser de la plagier. Car ce sont là en réalité les lieux de rencontre de nos deux âmes. Chaque fleur a son parfum propre : Thérèse est la fleur, et moi, le pétale. Comment pourrais-je ne pas lui ressembler ? »

Sans cesser d'être toi-même, tu lui ressembles Van. Car comme elle, tu es passé par la porte étroite de l'enfance et tu es né de Dieu. En déposant toutes nos fausses sagesses et nos peurs aux pieds de Jésus. En laissant tomber quelques heures le faux-adulte qui nous conditionne, nous voulons t'écouter, Van. Nous voulons entendre *les paroles de Dieu en ta vie*. Nous voulons voir *son sourire* sur ton visage d'enfant. Nous voulons enfin croire que « seuls les enfants et ceux qui leur ressemblent entreront dans le Royaume de Dieu » (Mc 10, 14-16).

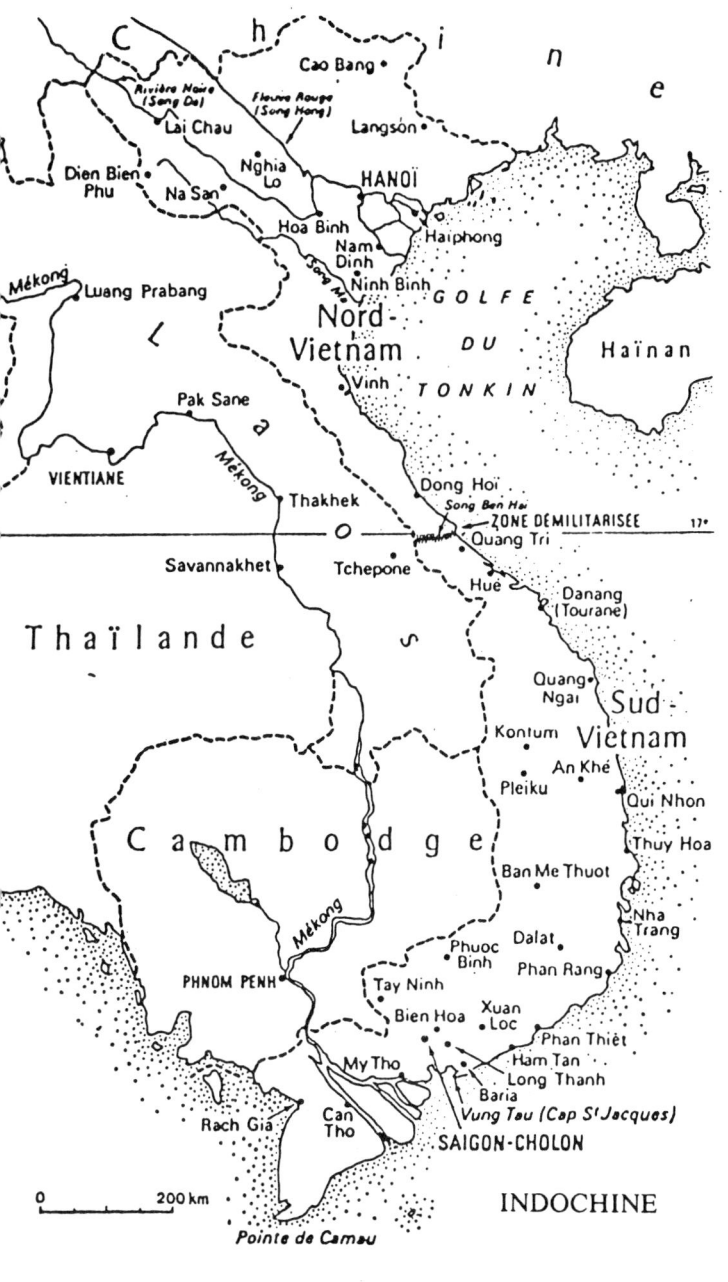

INDOCHINE

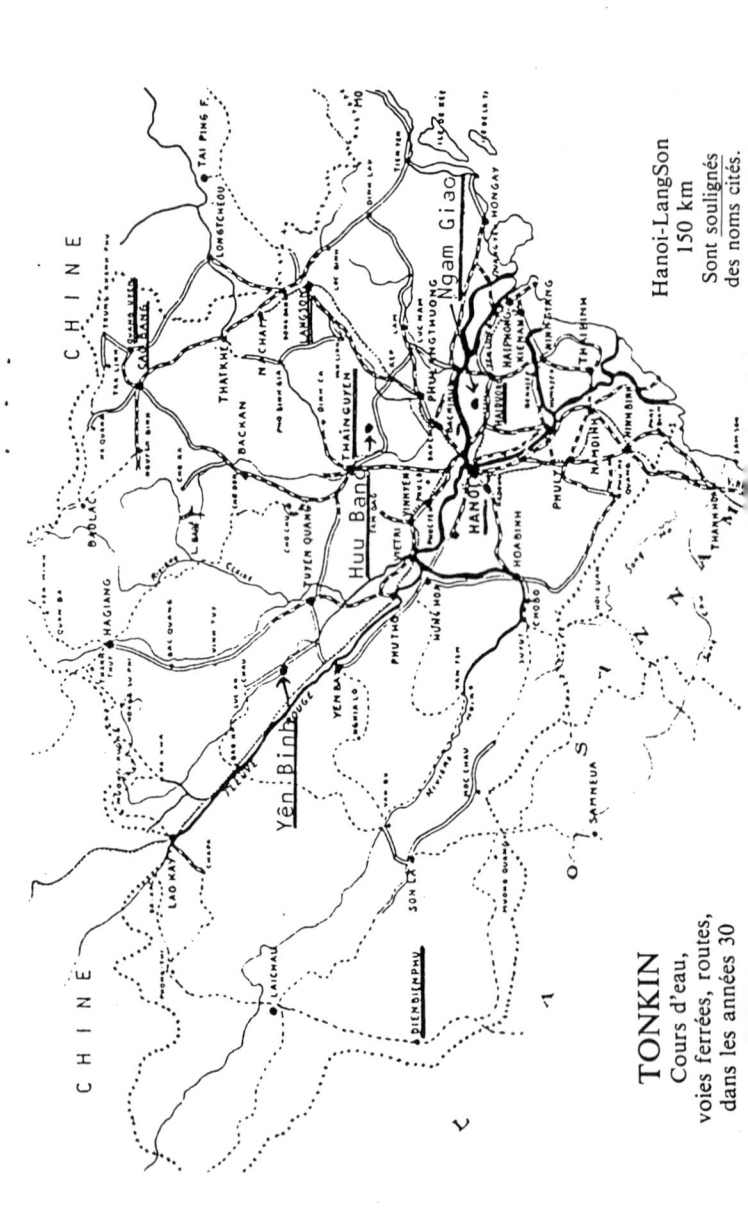

PREMIERE PARTIE

«LES ANNEES DE LUMIERE» (1928-1935)

*« Ce Dieu qui est Amour
ou qui n'existe pas
telle est notre foi »*
G. Cesbron

I

L'EVEIL A LA VIE (1928-1931)

Van est vietnamien. Il a grandi dans un peuple aux racines profondes. Recevons cet enfant à travers l'histoire et la culture de ce Vietnam humble et noble dont un Français a dit: «On n'en impose à ce peuple que par la sagesse, le savoir et la dignité morale. Jamais par la force, en laquelle il voit une forme de barbarie» [1].

Au cœur d'un peuple courageux

Vietnam. Sur une carte du monde, sa forme est étonnante: une étroite et longue étendue de terre qui ressemble à un «S». Avec ses 2000 kilomètres de côtes, il s'étire du nord au sud comme pour rapprocher la Chine du monde malais. Les deux tiers de sa superficie

---

1. Pasquier, *L'Annam d'autrefois*.

sont couverts de montagnes avec, en particulier, la chaîne Annamitique au centre-ouest. Le reste présente des plaines fertiles qui glissent vers la mer. Là se situent les deux célèbres «sacs de riz»: les deltas du Tonkin (nord) et du Mékong (sud).

A la jonction de l'Asie orientale et du Sud-Est asiatique, le Vietnam est un pays carrefour. Souvent convoité, sa longue histoire démontre cependant une riche vitalité et une extraordinaire capacité de résistance à toute agression extérieure. Durant dix siècles de domination chinoise, ce peuple a intégré le meilleur d'une civilisation sans perdre son identité. Et une fois libre, il a su vivre une autonomie durable et la défendre jalousement... Chinois, Mongols ou Chams n'ont jamais pu le soumettre. Plus récemment, n'a-t-il pas encore émergé d'une interminable guerre en mettant successivement en échec la France, les Etats-Unis et la Chine? L'issue politique en fut terrible pour la démocratie et la liberté religieuse, le drame des «boat-people» en témoigne. Mais tout ceci n'en manifeste que mieux *le courage et la tenacité admirables* du peuple vietnamien. Il faudra s'en souvenir en lisant la vie de Van.

Situons enfin l'époque de son enfance. Pour cela, il nous faut revenir au début du siècle où face à la domination française qui oscille entre coopération et répression, un nationalisme vietnamien commence à s'éveiller. Dans les années 20, il donne naissance à de nouvelles forces d'opposition. 1930 voit, en particulier, la création du Parti Communiste vietnamien par Ho Chi Minh. Il propagera rapidement des troubles sociaux dans le nord du pays, mais sans succès. Diên Biên Phu est encore bien loin (1954). La société coloniale demeure forte. A cette époque, le Cambodge, le Laos et le Vietnam forment l'Indochine Française. Jusqu'à la Seconde Guerre mondiale, cette région demeurera protégée. L'enfant Van évoluera donc dans un contexte relativement paisible.

Le petit Tonkinois

A l'époque, le Tonkin avait le statut d'un protectorat dont Hanoï était le centre administratif. Le territoire se trouvait divisé en provinces. Van était originaire de la province de Bac Ninh, au nord-ouest du delta du Tonkin.

Le Tonkin! Terre tant aimée du bienheureux Théophane Venard [2]. Nous savons qu'il s'est émerveillé comme un gosse en approchant de son rivage par la féérique baie d'Halong. Plus tard, Thérèse de Lisieux éprouvera la même fascination que son frère d'âme pour cette région d'Extrême-Orient. Quant aux gens de là-bas, ils n'attirent pas moins notre Théophane. N'écrira-t-il pas en 1854:

> «Ils ont le cœur généralement bon, et si on sait les prendre par leur endroit sensible, on en fait ce qu'on veut. Ils ont *beaucoup de foi*, ils aiment beaucoup réciter les prières, et il est rare qu'ils manquent la prière du matin et du soir. Ceux qui peuvent se rendre à l'Eglise y vont prier en commun. C'est une chose agréable à entendre que la prière des Tonkinois... C'est une harmonie qui me touche plus que les belles musiques d'Europe» [3].

---

2. Jeune missionnaire français du XIXe siècle, mort martyr à Hanoï.
3. Christian Simonnet, *Théophane, celui qui embellissait tout*, Le Sarment-Fayard, 1983, p. 87.

La prière des Tonkinois ! Van en est béni ! Dans son regard d'enfant, Théophane en gloire peut deviner le saint de demain. Ce petit Tonkinois est un fruit lointain de sa mission. Lui aussi sera apôtre et martyr.

Né à l'ombre des bambous

Juste après Hanoï, voici le delta du fleuve Rouge : immensité plate où s'étendent à perte de vue marécages et végétation équatoriale. Par le grand fleuve et ses défluents, les jonques glissent doucement sur les eaux ocre rouge. Région riche et peuplée que ce delta, avec ses grandes rizières et ses petits villages, clos de haies de bambous. C'est dans un semblable que voit le jour Joachim Nguyên Tan Van : le 15 mars 1928, il naît à Ngam Giao, village situé entre Hanoï et Haiphong, dans la province de Bac-Ninh.

Van vient au monde dans une famille profondément chrétienne qui compte déjà deux enfants : un garçon, Liêt, et une fille, Lê ; une autre fille viendra plus tard, Tê, baptisée Anne-Marie. Van sera baptisé le 16 mars 1928, sous le patronage de saint Joachim. Faisait-il beau ce jour béni ? Pas sûr. Février-Mars, c'est là-bas l'époque des « pluies volantes », une sorte de crachin qui favorise la culture du riz en saison sèche.

La maison familiale modeste est toutefois spacieuse avec sa cour et son potager. On y trouve même un verger et un étang : un vrai coin de ciel pour les enfants ! Le père est tailleur. La mère demeure au foyer et travaille parfois à la rizière. Quant au village où bien des familles sont chrétiennes, il possède une petite église. La vie s'écoule donc paisible à Ngam Giao et Van avoue sur cette période :

> « Autour de moi, tout respirait la joie, tout reflétait la beauté, surtout dans ma famille. Comment décrire toutes les douceurs de mon enfance et tout l'amour de mes parents ?... *Le bonheur de la famille* avait pour moi un charme si doux que, à part le désir du ciel, mon plus grand désir était de pouvoir vivre en paix au milieu de mes parents... »

Plus tard, devant les duretés de la vie, la nostalgie de ce paradis familial sera toujours présente à son esprit.

« *Un enfant bien étrange* »

Petit, Van nous confie avoir reçu deux dons naturels qui expliquent les détails si précis qu'il peut donner sur sa vie. Tout d'abord, un usage de la raison très précoce et puis une excellente mémoire qui fait que les souvenirs les plus reculés « restent gravés dans son cœur ».

Le premier portrait du petit Van nous est donné par sa maman :

> « C'est un enfant bien étrange. Il aime la joie et l'espièglerie ; de plus il est très sensible et un rien suffit pour le faire pleurer. »

Une autre fois, elle complète :

> « Il était tout petit, mais extrêmement entêté, dominateur, inflexible. Il ne ressemblait en rien à son frère

et à sa sœur; au contraire, il se montrait toujours un enfant terrible... Je ne savais trop ce qu'il deviendrait plus tard. »

Une autre chose parviendra aux oreilles de Van. C'est une remarque secrète de sa mère qui achève ainsi le portrait de son troisième enfant :

> « Heureusement, il y a chez lui une chose qui me console beaucoup : c'est que malgré ses défauts, quand j'emploie pour le corriger des paroles de douceur, il obéit immédiatement et fait tout ce qu'on lui dit. »

Van le reconnaît et développe lui-même la judicieuse remarque : « par la douceur », on peut tout attendre de lui ; « par la rigueur », on le bute au maximum :

> « Dieu m'ayant donné *un cœur sensible*, si quelqu'un me menace, j'en éprouve de la crainte plus que de la haine. Mais si je rencontre quelqu'un qui me traite avec amour et douceur, je m'attache très facilement à lui. »

Espiègle, hypersensible, entêté, attentif à la douceur... tel est l'enfant Van dans sa personnalité contrastée et attachante.

« Une mère si bonne »

Le meilleur de son éducation, Van l'a reçu de sa mère : une femme toute de sagesse et d'équilibre, douée d'une grande foi. Aussi, l'admiration de l'enfant est immense :

« Un enfant bien étrange ».

« J'aimais beaucoup ma mère : aucun plaisir n'était comparable à celui de me trouver auprès d'elle. Dieu l'avait douée d'un cœur ardent qui savait allier la prudence à la bonté... Tout en m'entourant d'affection, elle savait aussi me former à la sainteté. C'est ainsi que m'apprenant à parler, elle m'a habitué à prononcer avant tout les saints Noms de Jésus, Marie, Joseph... En effet, dès que j'ai pu percevoir les mots que je prononçais, je m'entendais répéter : Jésus... Jésus... et quand ma main fut capable de tenir quelque chose, elle m'exerça sans retard à tracer sur moi le signe de la Croix. »

C'est aussi sa maman qui va l'initier aux prières chrétiennes fondamentales. Très tôt, il apprend le *Pater*, l'*Ave* et le *Gloria Patri*. La récitation du chapelet suivra, et, selon le témoignage de sa mère, cette prière mariale le rendit « plus sage et doux ».

Le problème, c'est que Van demeure trop dans les « jupes » de sa mère. Quelque temps après sa naissance, celle-ci prit une bonne pour le garder et vaquer ainsi aux travaux ménagers. Mais voilà, « c'est tout le contraire qui s'est produit » nous confie-t-elle. L'enfant, *sensible à l'excès*, n'accepte aucune séparation, si courte soit-elle. Durant trois longues années, il restera près d'elle. Excédée, la bonne essaiera un jour de l'emmener jouer au loin. Quelques minutes après, elle dut le ramener ; et Van précise : « Elle portait sur tout le visage, la trace de mes ongles ! »

Rétrospectivement, il déplore cette attitude et conclut sur sa « mère si bonne » : « Il ne me sera possible de la quitter que le jour où j'aurai trouvé pour la vie une très sûre garantie. »

Ces inoubliables soirées d'été

Si la maman de Van a su faire de lui «un enfant capable d'amour» et «un homme de bien», le rôle du père est plus effacé. L'enfant se souvient surtout des merveilleuses promenades d'été en sa compagnie. Dans ce climat tropical où il fait bon se balader le soir, Van découvre la tendresse de son père :

> «En ce temps-là, elles étaient si joyeuses, ces soirées d'été où mon père m'emmenait en promenade, tantôt chez ma grand-mère, tantôt dans les champs. J'aimais l'immensité des prairies en fleurs et les rizières jaunissantes... Souvent, il me faisait asseoir sur ses épaules et galopait à la façon d'un cheval...»

Parfois, la promenade se fait plus silencieuse. Observateur, Van nous décrit ces instants :

> «Après m'avoir déposé par terre, il se promenait lentement dans les champs... et tout en marchant, il portait son regard au loin, suivant la direction du vent. Quelquefois, il s'arrêtait pour contempler le soleil couchant où les nuages errants dans la voûte du ciel... Il me semblait *l'entendre prier*... comme plongé dans l'immensité des êtres. Il lui arrivait aussi de réciter des vers ou de me décrire les choses divines de façon très captivante...»

Pas étonnant que Van se souvienne de ces scènes contemplatives. L'enfant est toujours attentif à une prière vraie. Il y devine un mystère qui l'attire et éveille la partie secrète de lui-même.

Enfin, la promenade se termine :

> « Quand le soleil rasait la digue verdoyante et que la cloche de l'église sonnait l'Angelus, nous revenions à la maison dans la joie. Là, ma mère m'attendait pour me conduire à l'église. »

« Petit frère » chasseur et bagarreur

Cadet des enfants, Van veut faire comme les « grands ». S'il a beaucoup aimé ses grand-mères, l'enfant est surtout très proche de Liêt et Lê. Dès la sortie de l'école, il ne rate pas une occasion de jouer avec eux. Hormis les jeux classiques ou inventés, il y avait les fameuses « processions » à la Sainte Vierge avec les enfants du voisinage. Dans un scénario bien réglé, chacun avait son rôle :

> « L'un faisait le prêtre, un autre l'enfant de chœur, un troisième battait du tambour... etc. »

Et Van conclut :

> « Qui sait si Marie n'assistait pas à la procession avec nous ? »

Plus tard, il aimera faire encore de ces processions improvisées.

Après ces jeux pieux, le « petit frère » aimait partir au loin sur les épaules de son grand-frère Liêt. Avec le chien Vên, ils allaient « chasser les oiseaux et les souris ». Malheureusement, plusieurs fois, ces sorties se terminèrent mal. Les deux frères furent attaqués par des bandes de jeunes voyous qui voulaient rafler leur goûter. Van décrit la bagarre :

> « Mon frère n'a jamais consenti à reculer avant d'avoir repris à l'agresseur le gâteau ou les bonbons qu'on m'avait enlevés. Sans se soucier du danger, il fonçait ; et parfois, il avait toute la figure enflée après s'être battu pour moi. De mon côté, je me battais aussi avec courage ; bien que petit, je savais ramasser les pierres que lançait mon frère avec sa fronde. »

Et quand cela ne suffisait plus, Van se jetait dans la bataille « comme un lion enragé » en « faisant usage de ses dents ». Après de tels moments, l'amitié des deux frères n'en était que plus solide. Cependant, ces bagarres répétées pouvaient « contribuer à la mauvaise éducation des enfants ». Aussi, la mère devra intervenir sévèrement et défendre aux chasseurs de s'aventurer trop loin.

Vers l'âge de 13 ans, terrible épreuve pour Liêt : atteint d'un mal d'yeux, il devient peu à peu aveugle. D'un grand courage, il ne cesse de répéter : « Si Dieu ne veut pas me guérir, j'accepte de bon cœur cette épreuve, jusqu'au jour où il me sera donné de voir l'éclatante lumière dans l'éternelle patrie. »

Avec le recul du temps, Van médite sur cette épreuve :

> « O Sainte volonté de Dieu ! Tu renfermes toutes les beautés pour le cœur qui aime Dieu. »

C'est vrai. N'empêche qu'à partir de ce moment « son cœur sera entièrement privé d'un sourire. »

II

CLARTES DE DIEU (1931-1935)

Van aborde ici une période spirituellement bénie. Non seulement il fait des découvertes décisives au plan de la foi, mais aussi il acquiert une plus grande maturité humaine. Vigilante, sa mère ne s'y trompe pas. Vers l'âge de ses 4 ans, elle constate: «Son caractère se transformait peu à peu et je sentis alors naître en mon cœur un certain espoir concernant son avenir.» C'est l'époque des clartés de Dieu.

« Ma sœur Lê et Notre-Dame des Fleurs »

Liêt aveugle, Van se tourne vers sa sœur Lê. Elle sera désormais «sa confidente», qu'il appelle «petite mère». La suivant partout, il est particulièrement frappé de sa réponse quand on lui parle d'avenir: «Je me ferai religieuse!» dit-elle invariablement. Sans trop savoir de quoi il s'agissait, cette idée de vie religieuse commence à faire son chemin dans le cœur de Van.

Et imitant sa sœur, il n'a pas peur d'affirmer : « Moi aussi ! » L'entourage connaît ses *fragilités* et attend de voir.

La bonne influence de Lê va aussi se faire sentir à l'approche du mois de mai. Après la saison des pluies, c'est elle qui emmène son « petit frère » dans les champs « cueillir des fleurs pour les offrir à la Sainte Vierge ». Temps radieux de Notre-Dame des fleurs qui ouvre de nouvelles perspectives à l'enfant.

> « Sous le ciel pur et doux de la campagne, nous courions ma sœur et moi, le cœur en joie... cueillant des fleurs et chantant des cantiques à la Sainte Vierge... Avec les fleurs, nous avons pu cueillir dans les champs verdoyants, un ardent amour pour la Sainte Vierge. Personnellement, j'ai pris la résolution d'être *une fleur sans fruit*, afin de répandre toute ma vie mon parfum devant Marie. De là, la pensée d'entrer en religion devenait de plus en plus forte chez moi. »

Le soir, à l'église, Van pouvait voir sa sœur revêtir « l'Habit Blanc » des enfants de Marie pour l'offrande des fleurs... « Elle avait l'apparence d'une reine magnifique portant sur la tête une couronne de fleurs brillantes comme des diamants. » Devant la beauté de cette prière gestuée, Van s'offre secrètement à Marie :

> « Depuis ce moment-là, constate-t-il, j'ai senti dans mon cœur une joie débordante... avec la certitude que Marie m'a regardé, qu'elle a donné à mon âme *un sourire mystérieux...* »

Devenir un saint

De grands désirs naissent alors dans le cœur de Van. Il veut être un saint. Sa mère le prend très au sérieux : «Il est tout petit, mais très énergique. Il ne veut le céder à personne dans la pratique du bien. Il exige de tout faire par lui-même, et demande de prendre part comme les autres à tout ce qui se fait dans la famille... Il ne consentait à se mettre au lit qu'après la prière du soir, et il exigeait que je le réveille avant la prière du matin. Son esprit de piété tranchait visiblement sur celui de son frère et de sa sœur... Plus il grandissait, plus j'étais contente de lui.»

Le reste de la famille pose sur lui un regard plus amusé. Un jour, voulant taquiner sa sœur qui donnait toujours des surnoms, il dit: «Moi, je suis saint Joseph!». Lê n'apprécie guère. Son père, lui, «se mit à rire et lui donna encore un nouveau nom: celui de «saint blagueur». Van reste cependant déterminé. Il saisit au passage tout ce qui peut le faire grandir. C'est ainsi qu'un soir, son père ayant lu *La vie du Bienheureux Tinh* qui s'était enfui dans la forêt pour se faire ermite, Van voulut, dès le lendemain, s'exercer à la vie d'ermite en restant seul et mangeant peu. Toutefois, il est mal à l'aise quand il entend parler de discipline et de mortifications extraordinaires... indication à retenir pour plus tard.

A cette époque, il prie chaque jour le chapelet et commence à vivre une grande intimité avec «Jésus-Enfant». Il découvre aussi la présence de son ange gardien qu'il aime appeler «mon frère l'ange». Sa mère est souvent étonnée par sa ponctualité pour les temps de prière à l'église: «Chose étrange, il était passionné pour le jeu au point de lui sacrifier un repas, et pourtant, quand approchait le premier son de cloche, je le voyais revenir... Je savais que l'heure de la visite du Saint-Sacrement approchait. » A vrai dire, Van a *une alarme infaillible* :

> « J'avais tout simplement demandé à la Sainte Vierge et à mon ange gardien de me rappeler l'heure. »

Chez sa tante

Début 1932. Naissance de Anne-Marie Tê. Van exulte :

> « J'avais presque atteint mes 4 ans quand Dieu, dans sa bonté, me donna une petite sœur. Ce fut pour moi une joie indescriptible ; mais brusquement, j'ai dû accepter la douleur de la séparation. »

En effet, dans un excès d'affection, Van s'accapare le bébé. Il l'éveille, par exemple, quand il doit dormir ou l'oblige à trop manger. Une fois, il dira même : « Ma petite sœur est à moi ! » Tout ceci nous montre que ses problèmes affectifs sont encore énormes.

On finira par l'écarter de la maison. Pour cela la famille usera d'un stratagème : lui faisant croire que sa petite sœur était partie chez sa tante, on le mit un jour sur les épaules d'un porteur, à travers l'impressionnant delta du fleuve Rouge. Van nous décrit le voyage :

> « Après avoir traversé le fleuve, mon village était déjà loin. Je ne voyais plus que la flèche du clocher qui se détachait au-dessus des haies de bambous et

finit par disparaître... Après un long trajet sur la digue, on prit un raccourci par les diguettes en bordure des rizières. Je disparaissais entièrement entre les plants de riz. Impossible de porter mon regard au loin, je ne voyais que les hautes tiges vertes... »

A l'arrivée, immense déception, il découvre tout le manège et éclate en sanglots. Durant une semaine, la tante Khanh et ses enfants devront beaucoup l'aider pour lui faire passer « la nostalgie de sa petite sœur ». Et puis, peu à peu, Van s'adaptera...

L'enfant sur la colline

C'est une nouvelle vie qui débute alors pour l'enfant. Loin de sa famille, qu'il ne visitera que rarement, Van va vivre une sorte d'exil durant deux années consécutives. De fait, il sera entouré de beaucoup d'amour par Tante Khanh et finira par apprécier la compagnie de ses cousins et cousines. Il est d'ailleurs dans l'admiration de cette famille qui mène une vie « pénible et pauvre ». Mais c'est autre chose que la douceur de Ngam-Ghiao.

Tout autre aussi l'ambiance du village où, mis à part quelques ferventes familles catholiques, « les gens vivaient plus ou moins dans l'indifférence ». C'est la première rencontre avec le paganisme :

> « Mes cousins et cousines se trouvaient dans la même situation que moi, constate-t-il. Jamais ma tante ne leur permettait d'aller jouer avec des enfants païens, pour la bonne raison que presque tous étaient de

> conduite immorale et grossiers dans leurs paroles...
> Nous devions donc nous contenter de vivre ensemble
> à la maison, et ce n'est que rarement qu'il nous était
> permis d'aller jusqu'au village.»

Ainsi, Van doit vivre confiné dans un univers délimité, lui qui aimait jouer partout et avec tous.

Sa tante devine le malaise et lui permet de suivre aux champs ses cousins et cousines. Là, devant l'immensité du Bas-Tonkin, il respire enfin et laisse aller son cœur:

> «Pendant qu'eux travaillaient, moi, j'escaladais seul
> la colline... Je préférais les pics les plus élevés afin de
> porter plus loin mon regard. Et comme ces points élevés me semblaient plus près du ciel, j'y récitais mon
> chapelet pour être plus près de la Sainte Vierge.»

Un enfant sur une hauteur qui contemple seul l'horizon. Un petit enfant qui prie les yeux levés au ciel comme pour toucher un autre rivage. C'est une image de Van qu'il faut garder présente à notre esprit. Toute sa vie est *une tension à grande vitesse* pour se rapprocher du mystère... Jusqu'au face à face. Cette scène a une portée prophétique.

«Le Saint de poche»

Après le chapelet, Van aimait *gestuer* la vie des solitaires:

> «Je cherchais à m'amuser en imitant les saints ermites: je ramassais du bois en priant à haute voix, ou

> encore je recueillais des pierres pour construire une chapelle à la Sainte Vierge... Je fixais aussi sur un tronc d'arbre une croix en bois, puis m'agenouillant, je priais les mains jointes, ou me frappais la poitrine en signe de pénitence comme un ermite authentique. Bien que je fusse seul pour jouer, ce genre de jeu ne me lassait jamais. Cependant, il est arrivé aussi à l'ermite vaincu par la fatigue de s'étendre au pied d'un arbre et de faire un bon somme. Une fois ou l'autre, on a dû monter pour me tirer du sommeil...»

Le soir, après le repas, il aime écouter ses cousins et cousines lire *La vie des saints*. Il se passionne pour ces récits vivants et retient tout dans les moindres détails :

> «La lecture terminée, précise-t-il, je prenais immédiatement cette résolution : demain, j'imiterai ce saint ou cette sainte. Aussi mes cousins et cousines m'appelaient pour rire, *le saint de poche*, c'est-à-dire le tout petit saint. Mais moi, je pensais que jamais je ne serais un saint car j'avais toujours une peur bleue de la discipline...»

Le saint de poche ! Cela n'est pas si mal vu. Van n'en saisit pas encore le sens profond. Il pense trop que les grandes pénitences sont *un passage obligé* vers la sainteté. Il ne voit pas que *sa petitesse vécue dans l'amour* est la joie de Dieu. Un jour viendra...

Un catéchisme éprouvant

Vers l'âge de 6 ans, Van retourne dans sa famille. Il y retrouve avec joie sa petite sœur qui, elle, approche de sa troisième année. A ce bonheur s'ajoutera celui de la préparation à la première communion, un bonheur qui va d'ailleurs se transformer très vite en «une longue épreuve». En voici la raison:

> «Au dire de tout le monde, j'étais trop petit... Seule ma mère osait affirmer que malgré une petite taille, je pouvais très bien faire ma première communion.»

Pour couper court, cette dernière l'emmènera chez l'abbé Nghia. Après l'avoir interrogé sur «la messe et l'Eucharistie», le curé reconnaît son intelligence du mystère. Devant la taille du gamin, il hésite tout de même à l'admettre aux premières communions qui devaient avoir lieu prochainement. L'enfant doit recevoir un complément de catéchisme. Van est déçu et inquiet. Sa mère, elle, l'exhorte à se confier à Marie pour faire une bonne préparation. Il promet d'obéir avec «amour et ferveur» en disant de la Vierge: «Elle est *le lieu de mon espérance*».

Tous les soirs, Van devait donc assister aux cours de catéchisme à la Cure de l'abbé Nghia. Devant l'état d'esprit borné du catéchiste, il est «tenté de tout abandonner». A l'aide de son rotin [1], celui-ci faisait régner la terreur, si bien que «les enfants disaient beaucoup de choses par cœur, mais ne comprenaient que très peu l'essentiel.» A pareille école, Van avoue:

> «Tout ce que j'ai pu apprendre et comprendre clairement, je le dois uniquement à ma mère qui me l'a enseigné à la maison. A la cure, au contraire, on n'a

---

1. Canne ou bâton en tige de jonc.

réussi qu'à me faire oublier ce que je savais déjà, sans arriver à m'apprendre rien de nouveau. A ce compte-là, comment espérer encore recevoir Jésus ? »

Heureusement, le curé venait chaque soir faire passer un examen. Van sait faire la différence :

> « En nous interrogeant, remarque-t-il, il employait toujours des *paroles simples*, empreintes de douceur et d'intimité, de sorte que tous nous l'aimions et pouvions répondre aisément à ses questions. Au contraire, quand le catéchiste intervenait, l'enfant interrogé devenait tout pâle... De plus, quand le curé voyait qu'un enfant répondait bien à ses questions, il le stimulait... Si un autre répondait moins bien, il l'exhortait à la patience. Chez le catéchiste, aucun encouragement... »

Van est très sensible à tout ce qui concerne *la qualité de l'éducation*. Plus tard, tirant sagesse de tout son vécu, il fera un excellent catéchiste.

« Demain, je peux communier ! »

Six mois passent, et Van ne sait toujours pas s'il fera sa première communion. Le curé a beau dire qu'il trouve ce petit « éveillé et intelligent », il ne fixe aucune date. Simplement, il exhorte l'enfant à se tenir prêt et lui permet de se confesser en même temps que les autres enfants. Ecoutons le récit de cette première confession :

> « La veille du jour prévu pour la première communion, j'entrai donc pour la première fois au confession-

nal... Je sentais mon cœur palpiter au point de m'empêcher de parler. De plus, j'étais *si petit* que même en me tenant debout la tête levée, je ne pouvais atteindre la grille du confessionnal. Ne soupçonnant pas que c'était moi, le curé naturellement irritable pensa qu'il avait à faire à un enfant turbulent entré là pour troubler les autres. Il me chassa avec sévèrité et sortit immédiatement du confessionnal... En m'apercevant, il comprit et m'envoya chercher un agenouilloir pour m'y tenir debout. C'est alors seulement que j'osai confesser tous mes péchés, timidement mais d'un cœur sincère. J'avouai tout, même cette faute d'avoir égratigné la bonne quand j'étais tout petit. Après m'avoir entendu, le curé me donna une pénitence et me dit : « Parmi les fautes que tu viens d'accuser, il n'y en a aucune qui ait fait de la peine au Bon Dieu. Cependant, dans l'intention de lui plaire toujours, tu dois t'efforcer de garder ton âme entièrement pure. » Il m'exhorta à aimer la Sainte Vierge de tout mon cœur, puis me donnant l'absolution, il ajouta : « Demain, je te permets de communier... »

Demain...! Communier...! Van est bouleversé :

« Cette parole frappa mon oreille comme *le bruit d'une grande vague...* J'étais si content que j'oubliais tout. J'ai dû demander deux fois au confesseur de me rappeler la pénitence qu'il m'avait donnée... »

Dehors, il retrouva sa mère qui se réjouit avec lui et le conduit de suite à l'église pour l'action de grâce.

Sur le chemin du retour, Van ne tient plus. A tous ceux qu'il rencontre, il annonce *avec du feu* dans les yeux : « Demain, je peux communier ! » Et tout près de la maison :

«Voyant le chien Vên venir à ma rencontre, je lui pris la tête entre mes mains et lui dis : « Ah, mon Vên, demain je peux communier ! »

« *La source enivrante de l'Amour* »

Avec une telle joie au cœur, notre Van en oublie la faim. Il n'a qu'un désir : que vienne vite le lendemain ! Au repas du soir, il prend « la résolution de ne rien manger avant de recevoir Jésus ». Voici son intention secrète : « Ainsi, Jésus pourrait jouer librement avec mon âme ; ne lui avais-je pas demandé de venir à moi sous la forme d'un petit enfant ? » Sa mère arrivera, par ruse, à lui faire prendre un bol de potage. Ensuite, Van garde le silence et prie avec Marie. La nuit lui paraît interminable. Il s'éveille souvent et demande à sa mère : « Est-ce déjà le matin ? ». Enfin, le jour se lève. Ecoutons-le nous partager un des grands moments de sa vie :

> « L'heure arriva, cette heure qui me donnera *la source enivrante de l'Amour*... Je n'éprouvais plus aucune crainte, et les épreuves passées du catéchisme, tout en intensifiant ma joie, constituaient pour moi un magnifique cadeau à offrir à Jésus durant la Messe...
> L'heure a sonné, la minute tant désirée est arrivée. Je m'avance vers la Table Sainte, l'âme débordante de joie. Je ne manque pas de rappeler sans cesse à Jésus de venir à moi sous la forme d'un *tout petit enfant*. Je tiens bien serré en ma main le cierge allumé, symbole du feu de l'amour qui brûle en mon cœur. De temps en temps, je jette à la dérobée un regard vers la droite, pour calculer combien de communiants il reste encore

avant moi. Enfin, Jésus arrive. Je tire doucement la langue pour recevoir le pain de l'Amour. Mon cœur est envahi par une joie extraordinaire. Je ne sais quoi dire. Je ne puis non plus verser une seule larme pour exprimer tout le bonheur dont mon âme déborde... En un instant, je suis devenu comme *une goutte d'eau* perdue dans l'immense océan. Maintenant, il ne reste plus que Jésus; et moi, je ne suis que le petit rien de Jésus.»

Comment ne pas penser ici à la première communion de Thérèse? Quelle proximité d'âme entre eux deux! Même silence, même bonheur, même fusion [2]. Seul l'âge diffère: Thérèse a onze ans, Van en a six. Mais c'est la même expression d'une expérience bouleversante. Cette première venue de Jésus-Eucharistie, Thérèse et Van en seront marqués à jamais.

Une spontanéité étouffée

Notre premier communiant est en pleine action de grâce silencieuse quand, brusquement, il doit rouvrir les yeux. On l'oblige tout à coup à réciter des prières toutes faites avec les autres enfants:

«La joie d'un entretien *cœur à cœur* fut interrompue, constate-t-il à regret, et Jésus présent dans nos âmes

---

2. «Ce jour-là, ce n'était plus un regard, mais une fusion, ils n'étaient plus deux, Thérèse avait disparu comme la goutte d'eau qui se perd au sein de l'océan. Jésus restait seul...» Sainte Thérèse de l'Enfant-Jésus, *Histoire d'une âme*, MS. A, Cerf, p. 91.

n'a plus entendu que des prières sans harmonie avec les sentiments intimes de chacun. »

On touche là le drame d'une conception étriquée de la vie spirituelle chrétienne. Trop souvent à cette époque, l'intériorité est suspecte. On s'en tient à des méthodes formalistes de la prière. « Le croyant est moins un contemplatif qu'un faiseur « d'exercices » [3]. Dans son désarroi, Van analyse le problème avec finesse :

> « Je n'avais jamais entendu personne me parler d'une intimité *toute spontanée* dans la relation à Dieu. Pourtant, au fond de mon cœur, je sentais bien que l'âme peut vivre intime avec Dieu en utilisant toutes les manières de lui exprimer son amour... en employant n'importe quelles paroles ordinaires selon les besoins et les événements. Bien sûr, il n'est pas inutile de réciter des prières, mais ça n'est pas toujours aussi profitable qu'*une conversation de l'âme avec son Dieu*... Là, elle s'entretient doucement avec Lui en des paroles jaillies tout spontanément de son cœur. »

Une sainte Thérèse d'Avila aurait confirmé ces intuitions avec enthousiasme. Après bien des déboires et des hésitations, elle a découvert la prière comme « *une relation intime d'amitié* où l'on s'entretient souvent seul à seul avec ce Dieu dont on se sait aimé » [4].

Finalement, Van sera victime de la conception du temps. Il se rangera à l'avis de plusieurs confesseurs

---

3. E. Bianchi, *Prier la parole*, Vie monastique N° 15, Bellefontaine 1983, p. 18.
4. *Vie écrite par elle-même*, Trad. Grégoire de Saint Joseph, chap. 8, Seuil 1985, p. 82.

et catéchistes qui considéraient *la prière du cœur* comme une divagation inutile. De là, il perdit « tout son naturel » avec Dieu : « Je sentais bien, écrit-il, une lacune dans ma manière d'aimer... mais je n'osais l'admettre. » Son élan intérieur sera longtemps étouffé. Il faudra attendre la rencontre décisive avec Thérèse pour « faire revivre » la prière de son enfance.

Van est tout de même heureux et échange avec Jésus « des regards silencieux ». En ce jour béni, il lui demande deux grâces :

1. La pureté afin de L'aimer de tout son cœur.
2. Accorder à tous les hommes une foi solide et parfaite. Rien que ça ! Les enfants ne mesurent pas toujours la portée de leurs paroles et cela plaît à Dieu. Ne désire-t-il pas que « tous les hommes soient sauvés » ? (1 Tm 2,4).

La première grâce, Dieu la réalisera parfaitement chez Van. Malgré toutes « les aventures de sa vie et les souillures du monde rencontrées sur sa route », la grâce de Dieu n'a cessé de l'envelopper en sa beauté. Son cœur est « toujours resté *orienté vers Dieu*, comme la fleur vers le soleil ».

Pour la deuxième grâce, il est plus réservé. Elle l'a stimulé à beaucoup de prières et sacrifices. Mais c'est seulement au ciel qu'il pourra voir « si elle a été accordée ». Il gardera ce *désir fou* jusqu'au bout.

« Entendre Jésus »

De retour à la maison, Van est accueilli chaleureusement par la famille. Un banquet eut lieu le midi même et il occupa la place d'honneur, entre ses deux grands-

« J'entends Jésus dans le cœur de Van ! »

mères. Tout cela le ravit. Mais dès son arrivée, une chose l'a frappé et retient toute son attention : sa petite sœur Anna Tê. Rayonnante de joie, elle est venue l'embrasser et appuyer sa tête sur sa poitrine «pour voir si Jésus présent en lui remuait ou non». Elle tournera tout le jour autour de son frère pour *«entendre Jésus»*. La première communion de Van va marquer pour elle un tournant. Sa soif de Jésus grandit et rien n'est plus comme avant. Son frère en est témoin :

> «Désirant avoir le même bonheur que moi, elle est devenue sage et fervente. Jusque là, elle montrait un caractère assez inquiétant. Souvent ma mère, hochant la tête, décernait à la petite cette seule louange : «C'est une enfant terrible!» Et chaque fois, mademoiselle de reprendre : «enfant terrible!». Entêtée au-delà de toute expression, son attitude changea et elle devint humble et respectueuse. Sachant que Jésus était *présent* en mon cœur, elle n'osait plus se montrer impolie envers moi ; bien plus, elle aimait *poser sa tête* sur ma poitrine pour «entendre Jésus».

Dans ce même contexte, Van nous rapporte ici un épisode charmant. Un jour que sa petite sœur écoutait ainsi Jésus, sa mère lui demanda :
— Est-ce que tu entends Jésus ?
Et elle de répondre :
— Oui, je l'entends! Il est en train de gigoter dans la poitrine de Van.

> «A cette réponse, on ne put s'empêcher de rire. En réalité, elle ne faisait qu'entendre les battements de mon cœur... Ainsi donc, Jésus était venu non seulement pour moi, mais encore pour tous ceux que j'aimais.»

Graine d'apôtre

L'abbé Nghia lui ayant permis, à sa grande joie, de communier tous les jours, Van offre sa première semaine de communion pour son père. Ce dernier devenait de plus en plus tiède et négligeant... «Travaillant peu, son unique plaisir était de se rendre chaque jour chez des amis pour y jouer de l'argent.» De fait, il se laissait aller car il n'avait pas vraiment surmonté l'épreuve de Liêt, son fils devenu aveugle. Van fit une promesse à Dieu : «Ne jamais boire de vin de toute sa vie pour la conversion de son père.» Dix ans plus tard, il sera exaucé. Au temps pascal, son père reviendra à l'Eglise.

Peu de temps après sa première communion, Van est confirmé. Il sent bien que Dieu le prépare aux «combats de la vie» et lui donne «la Force de l'Esprit-Saint» :

> «La fête d'aujourd'hui, pense-t-il, ne diffère en rien d'une cérémonie de remise de glaive. Mon cœur débordait de joie quand je me présentai devant l'évêque pour recevoir *le signe de la croix* sur mon front et être admis officiellement dans la troupe des valeureux soldats du Christ. Le signe de la croix, c'est l'étendard de la victoire du Sauveur, c'est la force et l'épée de l'Esprit-Saint. Ce signe, imprimé dans mon âme, n'en pourra jamais être effacé...»

Et puis, toujours cet appel de Dieu qui résonne en lui. A chaque communion, il se fait plus fort. Aussi en parle-t-il à sa mère en grand secret. Celle-ci sourit, et lui demande un peu de patience : il est encore si petit et si fragile ! Mais elle est d'accord. Van est rassuré.

Un seul point l'inquiète encore : « Quand serais-je assez grand pour partir ? »

Durant un séjour chez sa tante, il fréquente une famille bouddhiste et constate combien le vrai Dieu est inconnu. L'aïeule a cependant une grande admiration pour Van et aime à l'entendre prier son Seigneur. Une fois même, elle le donne en exemple à ses petites filles. Celles-ci ne comprenaient pas qu'un enfant désire entrer en religion : « Elles pensaient, dit-il, que le religieux est un bonze qui agite la crécelle, psalmodie des prières et a la tête rasée comme une noix de coco séchée. » Elles voulaient le dissuader de réaliser ce projet, mais, lui, répondait : « J'aurai *la force de Dieu* pour tout supporter... et je prierai pour que vous ayez le don de la foi. »

Avec ce désir immense d'intercéder, son cœur d'apôtre est né. Aussi, tout se bouscule et se précise dans sa tête :

> « Je désirai vivement devenir prêtre pour aller bien vite annoncer la Bonne Nouvelle aux non-chrétiens. Autour de chez moi, combien de villages ne connaissaient pas encore le Bon Dieu ? Combien de gens qui se plaignaient au ciel sans connaître le ciel ? Cette situation me bouleversait profondément et je désirai vite *devenir apôtre...* »

Le petit Van dialoguant et intercédant pour des bouddhistes : n'y a-t-il pas là un autre signe prophétique ? Si Van est *l'enfant seul sur la colline* priant Dieu en silence, ne va-t-il pas devenir aussi *l'enfant au cœur de feu* qui révèle Dieu à une multitude ? Contemplation et évangélisation, adoration et compassion. Van aime Jésus d'un amour absolu et porte simultanément au cœur un désir fou de Le révéler. Il nous faut garder présentes ces deux images et attitudes de son enfance. On entreverra mieux ainsi ce que Dieu veut faire à travers lui dans le temps et l'éternité.

Ecole ou goulag ?

Passé l'âge de six ans, le temps était venu de prendre le chemin de l'école. Mais de nouveau, Van va se heurter à un enseignant très sévère. Au bout de deux mois, il tombe malade et doit abandonner l'étude. Il nous donne un diagnostic sans ambages :

> « Je devenais de jour en jour plus maigre et plus pâle. J'étais hébété, taciturne, porté à la mélancolie, et pour la moindre chose, je pleurais sans retenue... La grande fatigue dont j'ai été atteint n'avait pas pour origine le corps mais l'esprit... Je m'explique : c'est uniquement à cause du système d'éducation trop dur que je suis tombé dans un tel état d'épuisement. A en juger par le style de discipline, je ne puis appeler cette maison une école mais *un camp de concentration pour enfants* où l'enseignant n'était qu'un bourreau cruel. Je détestais tant cette école que je n'avais qu'un seul désir : sa destruction ! »

N'est-ce pas ainsi que l'on crée des révoltés ? Dans la salle de classe comme en récréation, le maître opprimait les enfants. Les mains croisées derrière le dos et les yeux scrutateurs, il arpentait la salle de long en large ; frappant « pour des bagatelles » l'un ou l'autre enfant. A part quelques grands élèves qui lui jouaient des tours incognito, la terreur régnait : « Nous avions peur du Maître comme on a peur du diable!» déclare Van. Et il ajoute:

> «De plus, il inventa encore bien d'autres châtiments bizarres et indécents... obligeant par exemple les garçons qui ne savaient pas leur leçon à se glisser entre les jambes écartées des fillettes pour recevoir des coups de rotin et vice-versa..., devant ce spectacle, notre maître, lui, riait aux éclats... car finalement, ce genre de châtiment était plutôt conçu pour faire honte aux fillettes... certaines éclataient en sanglots.»

On devine la révolte et *la blessure intérieure* de Van face à ces injustices. Même s'il a peur de décrire les faits de manière un peu «trop crue», il ne peut cacher la vérité et la rapporte avec la simplicité d'un enfant. D'autant plus que cela le touche dans sa foi car ce lieu portait le nom «d'école catholique»... Un comble! Mais comme pour sa future épreuve de Huu-Bang, on ne doit pas généraliser des cas particuliers. Le fleuve charrie toujours des détritus. Il n'en demeure pas moins un lieu de vie. D'ailleurs, trois ans plus tard, l'oppression prit fin. Le maître impitoyable «tomba misérablement et fit son paquet pour suivre une pauvre fille».

Par bonheur, Van continue à communier tous les jours et assume son épreuve tant bien que mal. A cette époque, il perd avec regret un petit frère (Joachin-Tu), né quelques mois auparavant. Devant les larmes de sa mère, il lui demande un jour: «Où est allé mon petit frère?» Et elle, de lui répondre: «Il est en train de jouer avec les Anges dans le Ciel. Lorsque tu penses à lui, lève les yeux au ciel et dis-lui de ne pas oublier sa maman.» Pour fuir l'école, Van aurait volontiers tout laissé sur le champ pour le rejoindre au ciel. Mais son heure n'est pas encore venue. Ces épreuves scolaires ne font qu'annoncer des temps plus durs. Et dans le mystère de la foi, plus les blessures sont profondes, plus elles libèrent l'Amour. Van le pressent :

> « Jésus voulait que j'endure encore beaucoup de souffrances en ce monde. L'épreuve présente n'était qu'une première bourrasque, présage des tempêtes à venir. Il voulait se servir de mon corps [5] pour endurer la souffrance, la honte et l'épuisement, afin que la flamme de l'Amour qui dévore son divin Cœur puisse se répandre dans le cœur de tous les hommes sur la terre. »

Bac-Ninh ou les lumières de la ville

Sitôt l'arrêt scolaire préconisé par le médecin, Van retrouve la paix du cœur. Vu son état physique, il n'ira d'ailleurs plus à l'école. Sa mère cherche d'autres pistes et pense à l'abbé Joseph Nha. Il l'avait autrefois enseignée puis était devenu curé de la paroisse de Huu-Bang. Elle le considérait comme un « prêtre doux, bienveillant et très fervent ». Elle pensait que Van pourrait l'aider dans son ministère et se préparer ainsi à la vie consacrée. Elle projeta donc une première visite à Huu-Bang pour une simple prise de contact avec l'abbé. Mais déjà, l'enfant porte un désir secret : demeurer là-bas pour « se consacrer à Dieu sans retard ! »

---

5. « Soyons-Lui en quelque sorte *une humanité de surcroît* en laquelle Il puisse renouveler tout son mystère. » Bienheureuse Elisabeth de la Trinité, lettre 214.

Nous sommes au mois de mai 1935, Van a sept ans. Le voici parti pour courir l'aventure de Dieu. Avec sa mère et une cousine (Mo-Suu), il se dirige d'abord vers la ville de Bac-Ninh. En voici les raisons : « Ma mère voulant me divertir et me donner une idée de ce que peut être une ville, je demeurai une journée à Bac-Ninh. » Voici maintenant ses impressions :

> « Depuis mon enfance, c'était la première fois que je mettais les pieds dans une ville... et tout ce que je voyais me paraissait grand et extraordinaire. Dans les rues bruyantes, les gens circulaient continuellement comme aux jours de fête. Le soir surtout, les promeneurs étaient encore plus nombreux. Les vitrines des magasins étaient magnifiquement illuminées par des ampoules électriques de toutes les couleurs et de toutes les formes. C'était vraiment beau à voir !... »

Van est fasciné. De l'église aux voitures, des magasins aux lampes électriques, tout lui paraît grand et mystérieux...

Mais sa mère veille avec tendresse. Il se souvient de son étreinte :

> « Pour éviter que ces choses extérieurement belles et grandioses ne séduisent mon cœur, elle me serrait dans ses bras, et pendant que le pousse-pousse nous ramenait à l'auberge, elle me disait avec profondeur que ces beautés fastueuses sont incapables de donner au cœur de l'homme *un bonheur durable*... Elles lui rendent au contraire la vie amère, s'il ne porte pas plus haut ses désirs. Puis elle concluait : « Seul l'Amour de Dieu est stable et la chose la plus belle, c'est d'accomplir avec joie sa volonté. »

Devant les derniers jeux électroniques ou les héros-idoles de la télé, on aimerait entendre plus souvent ce langage chrétien pour les enfants d'aujourd'hui. Face aux valeurs du monde ; ne pas fuir ou s'enchaîner mais découvrir et apprécier en mettant les choses à leurs places. Et au nom d'une soif d'infini qui habite le cœur de l'homme, ne permettre à rien de créé de prendre la place de Dieu.

Huu-Bang : le tournant d'une vie

Décidément, Van a de l'intérêt pour tout ce qui est nouveau. Effectuant son premier voyage en train entre Bac-Ninh et Huu-Bang il veut à tout prix rejoindre le chauffeur dans sa locomotive. De peur qu'il ne tombe, sa mère devra serrer le casse-cou sur son cœur tout au long du voyage.

Enfin, c'est l'arrivée en gare de Huong-Canh. Les voyageurs terminent à pied les derniers kilomètres et aperçoivent assez vite le village de Huu-Bang [6]. Van nous décrit le premier contact avec la population :

> « Nous sommes arrivés là portant des habits longs et fermés, à la mode des gens de la Haute-Région ; c'est

---

6. Van précise : « Huu-Bang était une paroisse fondée depuis une vingtaine d'années et dont la faible population était entièrement catholique. Il fallait pourtant deux prêtres pour assurer tout le travail. Car, à part la paroisse principale, il y avait en plus quatre dessertes, avec des hameaux éparpillés çà et là... Tout cela représentait une tâche considérable. L'abbé Joseph Nha en était alors curé avec l'abbé Nang comme vicaire. »

> pourquoi en nous apercevant, les villageois, surtout les enfants, accoururent nombreux pour nous voir. Après avoir salué le curé, nous avons séjourné chez lui... Les gens nous traitaient avec beaucoup de chaleur et de cordialité. J'en étais heureux au point de ne plus penser à la maison; et même ma maladie provenant de la peur disparut entièrement. »

Tout à son bonheur, Van ne perd pas le nord pour autant. Il s'exprime peu mais observe:

> « Durant ces jours, j'examinais attentivement la situation de la cure au point de vue religieux; j'observais surtout l'abbé Nha pour voir s'il était aussi vertueux que ma mère l'avait dit. La situation religieuse de la Cure, je n'ai pu m'en rendre compte clairement, car ma mère voulait que je n'aille nulle part... »

Van est bien un enfant de sa race, ces Vietnamiens dont un missionnaire a pu dire qu'ils sont « terriblement observateurs et pas toujours indulgents » [7]. Pourtant, il a raison de se méfier. Si finalement le courant passe avec l'abbé, il regrettera amèrement un jour de lui avoir fait confiance.

Pour l'instant, le climat est à la joie et le temps défile avec une rapidité inouïe. Déjà plus d'une semaine passée à Huu-Bang! La mère songe tout à coup à rentrer. C'est alors l'événement inattendu: faisant un clin d'œil à la cousine, elle voulut taquiner son enfant en lui proposant de rester à la cure. Sérieux, Van saute sur l'occasion et prend sa mère au mot. Surprise de son

---

7. Christian Simonnet, *Théophane, Celui qui embellissait tout*, Le Sarment-Fayard 1983, p. 87.

courage, la maman bouleversée revient sur ses paroles... Mais rien n'y fait. Van est décidé et demande à sa mère de partir. Il se souvient bien de cette séparation cruciale et de son enjeu:

> « Ainsi donc, à l'heure où je me séparai de ma mère, je n'en ressentis aucune tristesse, aucun regret... Ce fut bien la première et aussi l'unique fois de ma vie où je pris *une attitude ferme* au moment de la séparation... Ah! il a fallu la puissante intervention de la grâce divine! Si, à ce moment-là, Dieu n'avait paralysé en moi *la source de l'émotion*, je n'aurais jamais pu garder une attitude aussi résolue... »

Cela va d'ailleurs se confirmer quand plus tard, en fin de journée, il apprend le départ de sa mère et de la cousine Suu pour Ngam-Giao:

> « Mon cœur continuait à battre régulièrement, constate-t-il, mes yeux restaient secs et mon âme était comme extasiée à la pensée que je suivais l'exemple de Jésus resté au Temple. »

La maman, elle, lui avouera cinq ans plus tard combien elle fut broyée par cet événement. Mais, *les mains serrées* sur son chapelet, elle avait tout offert au « Cœur de Dieu » pour que son Van ait « la force de persévérer à son service jusqu'au bout. » Ce fut comme un second enfantement...

Ainsi, quelque chose de nouveau a surgi dans cet enfant. Il y aura encore des larmes et des tas de fragilités dans sa vie... Mais pas une n'arrêtera cette détermination étonnante à chercher et accueillir la mystérieuse volonté de Dieu. Comme pour Thérèse, c'est une course de géant qui commence; avec au cœur, *une sorte d'énergie de la confiance* qui emporte tout l'être dans l'Amour. A sept ans, l'apôtre caché de l'Amour se lève. Mais le potier doit encore travailler son œuvre. Il faut suivre Jésus sur les sentiers de l'humilité pour lui être un jour semblable sur la Croix.

DEUXIEME PARTIE

DURE VIE

(1935-1940)

*« Ne crains pas d'avancer lentement
Crains seulement de t'arrêter »
Sagesse chinoise*

*« Il faut savoir mourir
mille fois chaque jour
pour être un témoignage
et non plus un discours »
Roger Brien*

I

UN ENFANT DE LUMIERE OPPRIME

1935. Année cruciale pour le monde. Après la crise économique des années 30, tout va basculer. Les nations s'acheminent inexorablement vers une Seconde Guerre mondiale. Hitler a pris le pouvoir en Allemagne depuis deux ans et la puissance du « Troisième Reich » est de plus en plus menaçante. En France, la crise s'installe et va amener le Front Populaire. Staline, lui, va bientôt commencer ses « grandes purges » pour assurer sa dictature autocratique sur l'U.R.S.S. Le Japon poursuit sa politique expansionniste et continue à envahir la Chine. Après le krach boursier de New-York en 1929, les Etats-Unis sont en pleines réformes sociales pour surmonter la crise. C'est le « New deal ». L'Eglise, elle, par la voix de son Pape, ne cesse de lancer des SOS de paix : « Bien que n'ayant plus d'espoir que surnaturel pour éviter au monde la catastrophe qu'il prévoyait, Pie XI cependant, jusqu'au bout, continua opiniâtrement sa lutte pour *retenir* encore les cavaliers de l'apocalypse » [1].

---

1. Daniels Rops, *Un combat pour Dieu, l'Eglise des révolutions*, Fayard 1963, p. 554.

1935. Monde bouleversé. Situation incertaine entre la crise et la guerre. C'est dans ce contexte mondial que Van commence sa vie de jeune aspirant au sacerdoce. De sept à douze ans, il va demeurer dans ce qu'on appelait à l'époque une « Maison de Dieu ». Lancées vers la fin du XVIIIe siècle au Vietnam par les Missions étrangères de Paris, elles visaient l'instruction et l'animation des fidèles. Mais elles donnaient en premier lieu une formation au futur clergé autochtone.

Venant de familles chrétiennes ferventes, des garçons de dix ou douze ans se présentaient au presbytère. Aptes aux études et à la vie de prière, ils aidaient le curé, s'initiaient plus profondément à la religion et continuaient leurs études. Après quelques années, les candidats les plus capables étaient accueillis au petit séminaire. Les autres étaient dirigés vers l'école des catéchistes ou demeuraient selon leur désir, simples familiers de la cure pour assurer ses divers travaux.

La maison de Huu-Bang se présentait ainsi : autour du curé responsable (l'abbé Joseph Nha) quelques catéchistes, un enseignant et un surveillant, un procureur et un assistant du curé (l'abbé Nang) pour desservir les paroisses environnantes. Si cette institution ecclésiale a fait ses preuves et produit des fruits indiscutables, « on pourra constater qu'il s'y était glissé localement des abus, par exemple l'âge précoce du recrutement, la conduite des catéchistes, voire la qualité des pasteurs » [2]. Très vite, Van va vivre des heures pénibles en ce lieu :

« A partir de ce moment jusqu'au jour où je fus admis au petit séminaire de Lang-Son, j'ai presque toujours

---

2. Charles Bolduc, *Frère Marcel Van*, éd. Paulines 1986, p. 22.

été opprimé et traité durement. Il y avait alors à la cure beaucoup de jeunes gens qui semblaient n'avoir pas de conscience et dont l'unique plaisir était de *maltraiter et de battre les enfants*. J'ai dû subir le même sort que les autres... »

Van ira de déception en déception, car non seulement il va être livré aux caprices des plus grands, mais loin de lui assurer une formation vers le sacerdoce, on s'en servira de plus en plus comme d'un vulgaire « boy ». C'est la dure vie qui commence...

Une lampe trop brillante

Pourtant, tout débute bien pour Van à la Maison de Dieu. Passionné par sa nouvelle vie, il s'applique à fond dans tous les domaines. La liturgie de l'Eucharistie retient particulièrement son attention et il devient très vite servant de Messe :

> « Bien que je ne fusse pas plus haut que l'autel et encore trop faible pour porter le gros missel, je servais quand même la Sainte Messe car je savais déjà les prières par cœur et avais une connaissance exacte des rubriques. »

Il ne tire pas une moindre joie d'être le seul à communier tous les jours et chaque fois « le premier après le curé ». Fierté naïve qui va froisser bien des catéchistes.
Après la messe du matin, son programme se déroulait avec harmonie : approfondissement du catéchisme et études scolaires, chapelet matin et soir. En tout cela,

Van est très brillant. Trop brillant. Même l'abbé Nha est charmant avec lui et l'admet à sa propre table. Il l'appelle «benjamin» et n'hésite pas à le proposer en exemple «aux catéchistes tièdes et indolents». De plus, par ses conseils et son écoute, Van devient une sorte de *«petit staretz»* vénéré par ses petits camarades. Ne se groupent-ils pas chaque matin autour de lui pour le saluer dès qu'il arrive dans la cour de l'école? C'en est trop! Le petit Jean-Baptiste finit par excéder certains. On n'est pas loin de le haïr. Avec le recul du temps, Van constate:

> «J'étais devenu sans m'en rendre compte, une lampe qui forçait tout le monde à regarder la lumière... *La lampe de mon cœur* brillait sans discontinuer. Voyant cela, le démon, fou de rage, était bien décidé de déclarer une bonne fois la guerre à l'enfant béni de la Sainte Vierge... Suivant sa tactique de combat, il voulait couper la route par où arrivait à mon âme la nourriture spirituelle, nourriture unique qui n'était autre que le Corps Sacré de Jésus».

Vinh, le maître impitoyable

La présence de Van provoque bien des remous parmi les catéchistes attiédis. Mais il s'en trouve un qui le déteste tout particulièrement: le maître Vinh. Brutalement, un jour, il voudra abuser de son corps. Et un début de viol, un enfant de 7 ans ne peut l'oublier:

> «Il y avait à la cure un certain garçon mi-surveillant mi-professeur qui me détestait particulièrement parce qu'un jour il voulut se servir de moi pour commettre

une action contre le sixième commandement... Mais je résistai énergiquement. Et à partir de ce moment, j'évitai la présence de cet homme. D'un autre côté, j'étais toujours considéré comme un enfant exemplaire. Tandis que lui était sans cesse réprimandé par le curé. Cela le vexait et ravivait sa haine contre moi.»

A partir de là, le maître Vinh va devenir impitoyable avec l'enfant. Dans son aveuglement, il en viendra à l'opprimer de toutes les manières. Tout d'abord, une série de violences extérieures et quotidiennes dont Van gardera longtemps les marques sur sa peau :

«Tous les matins, après la messe, il m'appelait dans sa chambre sous prétexte de m'informer de ma santé et de m'initier à la «vie parfaite». Il parlait si fort que j'aurais pu l'entendre clairement à une centaine de mètres... Après m'avoir interrogé, il me faisait signe de me coucher par terre et me donnait une volée de coups de rotin tout en chantant à tue-tête. Enfin, du regard, il me donnait cet ordre: défense de pleurer! Ses gros yeux saillants étaient plus redoutables encore que les coups de rotin. Je ne pouvais le regarder en face sans éprouver l'envie de le détester... Une telle physionomie aurait été tout à fait à sa place dans l'entourage du dictateur Hitler. Une fois même, il m'interrogea en ces termes :
— Quand tu me regardes, me trouves-tu imposant?
— Oui, très imposant.
— Imposant, comme qui?
— Imposant comme Hitler!
Alors, se frappant la cuisse, il riait aux éclats et me félicitait pour mon talent d'observateur. Imposant, il l'était vraiment, mais avec cette différence qu'Hitler faisait trembler les grandes nations d'Europe, tandis que ce nouvel Hitler ne savait qu'opprimer les en-

fants... Puis, avant de me congédier, il se mettait l'index devant la bouche, prenait un visage sévère, et roulant les yeux il me donnait cet ordre: «Défense de parler». Parfois il disait: «Si tu parles, je t'enterrerai vivant.»

Après une semaine à ce régime, le corps de Van était devenu «comme une feuille desséchée». Le bas du dos tout boursoufflé, il ne peut ni s'asseoir, ni se coucher sur le dos. A l'Eglise, il se tient continuellement à genoux. A table, il se tient debout pour manger. La nuit, il ne peut fermer l'œil. Tout cela, sans se plaindre et sans se faire remarquer car il se souvient des menaces de Vinh. Un jour, ce dernier sera expulsé du rang des catéchistes par l'évêché et Van remarque, non sans humour: «Ma dette envers lui s'élevait à quelques dizaines de milliers de coups de rotin.»

Deux bonnes semaines s'écoulent quand la lingère de la Cure remarque des traces suspectes sur le linge de Van. Devant le mutisme de l'enfant, elle rapporte tout au curé qui le convoque et l'oblige à se déshabiller. Voyant les traces de coups sur son dos, il réunit tous les garçons et catéchistes pour trouver le bourreau. Nu devant tous, Van attend... Et quand seul, le maître Vinh s'esquive, l'abbé Nha comprend tout... Dès cet instant, il interdit au catéchiste cruel de faire entrer l'enfant dans sa chambre. Van reçut les soins nécessaires. La première tempête était passée...

«*Devant le tribunal populaire*»

Peu après cette première persécution, une nouvelle commença, plus collective. Profitant d'une absence du curé, les catéchistes dressèrent un tribunal dérisoire dont le but était de «juger» Van, l'indésirable. Le maître Vinh, encore lui, fut élu Juge en chef. Le soir après la prière à l'église, le tribunal siégeait. L'enfant nous décrit la scène humiliante :

> «En m'introduisant devant ce tribunal populaire, on me dépouillait de tous mes vêtements, puis on me fournissait une ceinture en feuille de bananier, sauf certains jours où je n'en avais pas... Leur unique intention était de m'obliger à faire l'idiot pour s'amuser. Ils me posaient aussi des questions sur des choses légères et malpropres qui me faisaient sursauter. Mais toujours *je gardais le silence* ou je leur répondais brièvement : «je suis encore petit, je n'ai jamais entendu de ces histoires sales...»

Comme Van ressemble étrangement au Christ. Devant ceux qui le tournent en dérision : même nudité, même patience, même silence... Finalement, la sentence tombe : il est condamné pour chaque repas à ne prendre qu'un seul bol de riz avec de l'eau, et cela en compagnie du chien ; s'abstenir de la communion quotidienne à moins de recevoir trois coups de rotin. Devant une injustice, Van éclate en sanglots mais ne recule pas. La Vierge est avec lui : «Grâce à la protection de Marie, j'allais courageusement payer chaque jour le tribut, pour avoir le bonheur de m'unir à Jésus.»

Peu de temps après, le maître Vinh, exaspéré par la résistance de l'enfant, tente à nouveau de le violer. Mais celui-ci résiste de «toutes ses forces» malgré la menace d'être «enterré vivant». Furieux, Vinh réunit le tribunal le soir même et une nouvelle sentence tombe : «Désormais, défense de communier!» Van proteste et tient tête à l'assemblée. La tension monte et tous se mettent à le frapper. Après ce passage à tabac, l'enfant ne tient plus sur ses jambes et on l'attache assis sur un lit. On lui pose alors des questions embarrassantes sur l'Eucharistie. Van s'en sort tant bien que mal... Mais un point va l'ébranler: on lui reproche *sa témérité* en communiant chaque jour. Cela va faire son chemin et aboutir à un trouble sans précédent.

Une blessure intérieure

Le lendemain, on lui permet de communier tout en l'obligeant à jeûner toute la journée. Le soir, il est à bout de force et reste étendu sur son lit, inerte. Inquiet, le catéchiste Vinh consent à lui faire donner un peu de potage. Le jour suivant, il assiste encore à la messe, mais juste après la communion son cœur est envahi par une immense tristesse. Les questions des catéchistes l'oppressent: Jésus est-il vraiment content de venir en son cœur? Est-il digne de le recevoir chaque jour? Pour communier, les saints ne se préparaient-ils pas longtemps à l'avance?... Insensiblement, Van bascule malgré lui dans *la vision janséniste* qui ne fait pas de cadeau à la Miséricorde. Son regard change. Le visage de Dieu se voile [3]. Van a peur et se durcit:

«J'étais troublé et je souffrais terriblement de penser que, sans être digne comme les saints, j'avais eu la

---

3. Il écrit: «Un nuage *voilait le Soleil* et m'empêchait de voir la vérité.»

témérité de communier tous les jours. Plus j'essayais de démêler cette question, plus elle s'embrouillait et plus la blessure de mon cœur s'aggravait. Je ne savais à qui ouvrir ma conscience... et j'en vins à ne plus communier tous les jours... Je vis alors réapparaître les défauts de ma première enfance; je commençai à être de nouveau entêté et désobéissant...»

Désemparé, Van projète sérieusement de s'enfuir. Mais le moment venu, il se sent encore trop fragile pour s'aventurer dans la grande forêt. Il choisit plutôt de s'abandonner à Dieu et de souffrir en silence. Mais que tout cela est dur à accepter! Pourquoi tout quitter pour suivre Jésus et s'en retourner seul, coupé de lui et sans personne à qui parler? Pourquoi? Pourquoi? Une immense nostalgie monte au cœur de Van:

«A partir du jour où je cessai de communier à chaque messe, j'avais *la nostalgie de quelque chose* qui se trouvait hors de ma portée. Une tristesse étrange provoquait en moi de violents accès de fièvre. Je délirais sans cesse et demandais à retourner chez ma mère. Les accès de fièvre passaient vite mais la tristesse ne me quittait pas un instant. J'avais perdu l'appétit, je dormais peu et un rien m'impressionnait. Mon visage était devenu pâle et décharné. Le curé, ignorant tout de mon histoire, ne remarquait qu'une chose : je ne communiais plus aussi souvent. De là, il cessa de m'appeler du doux nom de «Benjamin».

Ainsi, «la source de joie» est tarie. Seule la récitation du chapelet permet à Van de «goûter un peu de joie puisée dans le cœur de Marie». Mais là encore, il devra mener une lutte acharnée pour demeurer fidèle.

Dix doigts pour Marie

Bien loin de s'apaiser, le maître Vinh revient à la charge. Pressentant la force que tire Van dans la récitation du chapelet, il le lui enlève. *L'enfant béni de Marie* ne s'en laisse pas compter et trouve un autre moyen : dix fèves noires qu'il fait passer d'une poche à l'autre. Par ce moyen discret, il pense être tranquille. Pas de chance, le surveillant finit par le remarquer et lui subtilise les fèves. Van improvise de nouveau : dix nœuds dans le cordon qui lui sert de ceinture. Peine perdue : Vinh découvre la nouvelle astuce et le gifle par trois fois sous prétexte de son impolitesse envers la Sainte Vierge. Enfin, comme un détenu de goulag, l'enfant est réduit à user de ses mains :

> « N'ayant plus d'autres moyens, avoue-t-il, j'ai dû me servir des phalanges de mes doigts pour compter les *Ave*. Cela me semblait pratique, car je pouvais ainsi dire mon chapelet partout sans que personne ne s'en aperçoive. Et je me disais : même s'il faut sacrifier les dix bouts de mes doigts, jamais je ne cesserai d'exprimer mon amour à Marie par la récitation du chapelet. » Et il précise : « C'est grâce à cette pratique que Marie ma Mère est toujours venue à mon secours, forçant le démon à me craindre, si bien qu'il n'a jamais réussi à me vaincre. »

Cette confidence appelle une remarque : Van voit moins le chapelet comme une dévotion facultative que comme une force vitale dans le combat spirituel quotidien. Sa récitation paisible permet d'être à Marie présence unifiante et rempart assuré dans *la garde du cœur*. Cette pensée est à retenir. Elle vient d'un vécu traditionnel et éprouvé [4].

Finalement l'épreuve aura une fin : A la suite d'une absence irrégulière prolongée, l'impitoyable Vinh refuse de se soumettre aux directives du curé et s'en alla définitivement avec quelques autres catéchistes. La Maison de Dieu redevint plus calme et Van respira un peu mieux...

Van, l'enfant oublié

Une trêve suit les persécutions et Van se remet à espérer. Il cherche à nouveau la route qui le mènera au sacerdoce. Mais où est-elle ? Dans cette cure décadente ? Personne ne s'occupe de ses études, ni de sa formation spirituelle. De plus, l'ambiance générale de la maison n'a guère changé : alcool, jeux d'argent, grossièretés... et puis ces filles du village qui vont et viennent avec désinvolture. Quand il se voit prêtre, Van a l'impression de rêver. Il se sent seul. Terriblement seul. Déchiré, il finit par subir les idées des autres : « Un jour, écrit-il, j'en suis venu à penser comme eux que Dieu est juste, mais que les hommes, étant pécheurs, ne peuvent s'approcher de Lui. Or, comme ils ne peu-

---

4. Un moine écrit : « Les créatures — et le démon qui en use — ne se laissent pas évincer sans combat. La vie d'oraison exige des batailles continuelles : c'est *le grand effort* — et le plus long — d'une existence vouée à Dieu... Cet effort porte un beau nom : il s'appelle *« la garde du cœur »*. Le cœur humain est une cité ; il devrait être *une forteresse*. Le péché l'a livré. Depuis, c'est *une cité ouverte* dont il faut rebâtir les murs. » Un chartreux, *Hauteurs sereines*, p. 189.

vent s'approcher de Dieu, ils se laissent aller à la suite du démon.» *Syllogisme mortel* pour l'espérance.

Dans ce *christianisme fataliste*, Van étouffe. Il est *en manque* d'enfance spirituelle, en attente d'une nouvelle voie de sainteté. Le mot crainte a gommé le mot confiance. Il a beau tendre l'oreille à l'Eglise ou ailleurs : «pas une seule phrase exhortant à *la confiance en Dieu*». Une force obscure semble l'emporter loin du Dieu-Miséricorde et toute sa vie spirituelle est dominée par une seule réalité : «la crainte». Si encore il trouvait quelque réconfort auprès de l'abbé Nha, mais rien de tel. Van est formel :

> «Tout occupé à réparer son église, il oubliait totalement *le Temple vivant* que j'étais, et la responsabilité qu'il avait assumée d'y élever un autel et d'y allumer *la flamme de l'Amour* qui monterait vers Dieu jour et nuit.»

L'enfant exploité

1938. Van a bientôt dix ans et plus personne sur qui compter. Chaque jour, il apprend les leçons à toute vitesse car la majeure partie de son temps est désormais consacrée au travail manuel. Maigre et morose, sous-alimenté et trop peu vêtu, l'enfant doit fournir le même travail qu'un homme fort. Classé au rang des familiers de la maison, il est devenu le «petit serviteur» du curé. Une sorte de «boy» qui ne coûte rien. L'injustice est flagrante.

En plus, cette année-là, de graves inondations ravagent toute la région du Delta Rouge. La moisson per-

« Il était devenu
une sorte de « boy » qui ne coûte rien... »

due, une famine sévit tout l'hiver. A Huu-Bang, la misère devient insupportable. Chaque jour, on n'a que 100 grammes de riz et un quart de litre de soja pour survivre. Par contre, il faut produire le même travail qu'à l'ordinaire pendant que certains «privilégiés» mangent à satiété. La détresse fut telle que certains enfants furent renvoyés dans leurs familles... Van espère profiter de l'occasion pour rentrer chez lui. Mais l'imprévu est encore au rendez-vous:

> «L'inondation n'était pas encore finie quand j'appris une nouvelle qui me fit *saigner le cœur*: dans la région de Ngam-Giao, les digues étaient rompues, et pour comble de malheur, ma famille, réduite à la plus noire misère, devait emprunter de l'argent et se nourrir de potage pour subsister.»

Ces événements vont précipiter les choses. La mère de Van se voit dans l'obligation d'écrire à l'abbé Nha pour lui fire part de la situation. Vu l'indigence familiale, on ne peut plus mettre un sou de côté pour l'enfant en formation. Et elle ajoute: «Nous comptons entièrement sur vous. Van sera désormais plus *votre enfant* que le nôtre; vivant ou mort, bon ou mauvais, nous vous demandons de vous occuper de lui.» Plus que jamais, l'enfant est livré au bon vouloir du curé. A partir de là, tout va se durcir. Cette galère, Van s'en souvient pour lui et ses petits compagnons:

> «Maintenant, je dois en plus accepter de devenir *esclave*; une espèce d'esclave qu'on traite encore avec *un peu d'humanité*, c'est-à-dire qu'on n'a pas le droit de mettre à mort. Mais pour le reste: les affronts, les insultes, la faim, le froid, les coups, l'injustice, j'ai dû endurer tout cela sans jamais oser desserrer les dents...

Personne n'avait le droit de se plaindre de son sort, même s'il était traité injustement. Le catéchiste procureur était le neveu du curé; en fait d'avarice, oncle et neveu se ressemblaient parfaitement. Voulant que le travail se fasse vite et rapporte, ils se comportaient injustement pour n'importe quel motif, pourvu que ce soit lucratif. Ils ont *exploité* un groupe d'enfants éloignés de leurs parents, en se faisant égoïstement servir par eux. »

A propos de l'éducation, quelqu'un a dit : « La pédagogie, c'est qu'aucun gosse ne soit *humilié* parce qu'aucun ne le mérite [5]. » C'est vrai. On n'a jamais raison contre *un enfant qui pleure*. L'exploitation de l'enfance, c'est la dérive dernière d'une civilisation.

L'enfant aux mains vides

Il est loin le temps où Van était peut-être l'enfant de la cure le mieux pourvu en argent et en habits. A cette époque, sa famille était à l'aise et lui envoyait plus que le nécessaire. Il partageait d'ailleurs avec ses camarades les plus nécessiteux. Dès sa petite enfance, il avait reçu de sa mère un amour tout spécial pour les pauvres. Ne disait-elle pas souvent à ses enfants : « Chaque fois que vous donnez quelque chose à un pauvre,

---

5. Le professeur Blum, cité par François de Saint-Chéron, dans *France-Catholique*, 23 septembre 1988, p. 23.

pensez que vous le donnez à Jésus. Ne faites jamais attention à la valeur de ce que vous donnez, mais plutôt à *l'amour* que vous éprouvez pour celui qui reçoit... En donnant quelque chose, il faut donner son cœur.» C'est pourquoi sa petite sœur aimait à courir vers le premier pauvre venu en lui criant: «Bonjour Jésus! Bonjour Jésus!...»

Ainsi, Van ne supporte pas qu'à Huu-Bang, les pauvres soient écartés, parfois même battus. On le critique sévèrement quand il cherche à leur donner une aumône. Alors, pour ne pas s'attirer des ennuis supplémentaires, il donne en cachette. Quand ce sont des habits, il les revêt et va à l'extérieur. Et là, dans un coin de mur, il s'en dépouille pour les remettre aux pauvres. Il cause aussi volontiers avec eux mais par dessus tout *il aime les écouter*. La sincérité de leur cœur le saisit. Pas étonnant que Dieu les aient déclarés bienheureux! Cette béatitude, Van va la vivre de près. Ne recevant plus rien de sa famille, il est devenu pauvre, très pauvre. A son tour, il doit vivre *« les mains vides »* et trouver des petites combines pour s'en sortir:

> «La faim et le froid ont fait naître en moi des *désirs bizarres*; mais j'ai réussi à me dépasser... Une fois ou l'autre, dans l'obligation où j'étais de remplir ma charge, j'ai pris quelques sous au curé afin d'acheter un paquet d'allumettes pour la lampe-Dieu. Etait-ce voler? Devant Dieu et devant ma conscience, je ne me sentais pas coupable... car si on le demandait directement au curé, d'ordinaire on n'obtenait rien et en plus on était grondé... Il n'était d'ailleurs pas facile de le voler. J'avais d'ordinaire recours à la Sainte Vierge. Après m'être présenté devant Elle et lui avoir exposé mes malheurs, je m'approchais du tronc des offrandes et je cherchais à en extraire des sous...»

Marie aime qu'on lui fasse confiance. Van avait compris très tôt cette vérité et il en vivait jour après jour. Un autre épisode le confirme :

> « Un jour, je n'avais ni papier, ni encre pour aller en classe, alors que je devais étudier doublement en vue des examens. Durant trois jours, j'ai regardé le tableau, n'ayant rien pour écrire... En classe, le maître me menaça : « Si demain tu n'as pas de papier, je te chasse ! » Que faire ? Tout en larmes, j'accourus aux pieds de la Sainte Vierge et lui exposai mon malheureux sort... Après ma prière, *une pensée* se présenta doucement à mon esprit. M'approchant du tronc de la Sainte Vierge, j'aperçus sortant de la fente un billet de vingt sous, plus qu'il n'en fallait pour me procurer du papier et de l'encre. Grâce à ce billet, j'ai pu décrocher mon certificat d'études primaires. »

A partir de ce jour, Van n'aura plus recours à ces procédés dangereux. De-ci de-là, des gens lui font des dons qui lui permettent de subsister. Il attribue cette nouvelle grâce à la Sainte Vierge dont il aime dire : « Marie est ma mère et je suis son enfant. *Tout est là.* »

Sauvé par une veuve

Van devenait de plus en plus le petit serviteur du curé. Celui-ci connaissait trop ses qualités pour s'en séparer facilement. Même à l'extérieur, il le prenait souvent avec lui. C'est ainsi que l'année où il alla donner une retraite à Bao-Son, Van l'accompagna. Parmi les diverses consignes reçues, il avait l'ordre en particulier de ne laisser entrer personne à la cure à l'heure de la sieste. Obéissant, il appliqua la consigne avec vigilance. Malheureusement, à la suite d'une altercation avec des jeunes filles qui voulaient entrer de force, la sentinelle glissa du mur d'enceinte et tomba dans la boue. Perdant connaissance quelques minutes, il rouvrit les yeux au beau milieu des jeunes filles divisées : certaines l'agressaient verbalement ; d'autres, inquiètes, le consolaient... Comme elles voulaient le relever, il leur dit : « Laissez-moi faire ; je ne vous veux pas de mal, mais je dois *remplir mon devoir*. Je vais rester étendu ici pour prouver au curé que j'ai exécuté fidèlement ses ordres. » Heureusement, un garçon de la maison passait par là et entendit des gémissements. Il aperçut Van « gisant par terre, recroquevillé, le visage pâle et tenant son genou gauche des deux mains. » La blessure était sérieuse et on le coucha. Avisé, le curé arriva en colère. Il voulut battre l'enfant avec le rotin, mais la servante l'en empêcha. Van, lui, se mit à dire calmement son chapelet et s'abandonna entre les mains de Marie. Une fois de plus, elle allait le sortir de l'impasse.

Fiévreux et couché, le petit serviteur devenait inutile. Aussi, après bien des péripéties, le curé accepta de le laisser chez une chrétienne. Il s'agissait d'une riche veuve du village. Elle élevait une petite fille infirme âgée de sept ans, la seule rescapée de ses cinq filles décédées. Elle avait tant désiré un garçon que Van devint son « enfant ». Comblé de tendresse, il n'oubliera jamais ces six mois de convalescence chez Madame Sau :

> « Au lieu de se montrer fière envers les autres comme le font la plupart des dames riches, elle était au contraire riche de sympathie pour ceux qui souffrent... Une fois, elle me demanda :

— Van, pourquoi aimes-tu tant ces pamplemousses croisés ?
— C'est parce que *ma vie est comme ce fruit* : un mélange de douceur et d'amertume...
Par moments, elle me regardait avec tendresse, et je voyais quelques larmes couler de ses yeux. J'y lisais aussi son étonnement de constater que je n'étais pas un enfant ordinaire... Elle disait souvent aux gens qui la visitaient : « C'est étrange. Jamais je n'ai rencontré un enfant *si énergique* et en même temps *si facile à émouvoir*. »

Un jour, Van verra le film « Marie-Louise ». Il sera frappé par l'histoire de cette jeune française victime de la guerre et recueillie en Suisse par une merveilleuse famille. N'est-ce pas un bout de sa propre histoire ? Ce temps de paix ne lui a-t-il pas permis de refaire surface et de vivre ? Il ne cessera d'en remercier le Seigneur. Sa miséricorde avait pris *le visage* de Madame Sau : un vrai baume sur les blessures de sa vie.

II

FUIR POUR VIVRE

De fuite en fuite, Van va essayer de s'en sortir. Il ne veut pas pourrir sur place ; alors il fuit pour vivre. C'est une des périodes les plus perturbées de son existence. On l'y voit bouger dans tous les sens et bousculer la vie, mais celle-ci le lui rend bien...

Offert pour les prêtres

A 12 ans, le petit serviteur fait le bilan de ses études : un certificat d'études primaires. Le curé pense que c'est « complètement suffisant » et stoppe là sa formation. Désormais, il l'oblige à consacrer tout son temps à son service :

> « Cuire le riz, faire la vaisselle, balayer, nettoyer son crachoir et son vase de nuit, laver son linge, baigner son cheval et, quand il sort, l'accompagner en portant sa pipe... Je trouvais cela honteux et vexant car ma vocation sacerdotale était devenue *une ironie*. »

Dégoûté, Van demande alors à retourner chez lui. Il reçoit pour unique réponse une volée de coups : c'est la goutte qui fait déborder le vase. Dès cet instant il prend *la ferme décision* de s'enfuir. De plus, il constate avec d'autres garçons que la tenue morale de la « maison de Dieu » se dégrade lamentablement :

> « On avait fait de ce lieu saint une place où flottait l'odeur de l'alcool et de l'impureté. Le personnel de cette maison ne respectait plus ni la loi, ni la dignité personnelle. »

Après l'inauguration de l'église paroissiale, Van remarque que le curé lui aussi se laisse aller à l'alcool, au jeu d'argent et à des relations légères avec les femmes et les jeunes filles. Plusieurs fois, il est témoin de scènes douteuses. Cela lui fait mal. Plus que Thérèse, il a vu *la fragilité du prêtre*. Mais loin de se révolter, il va s'offrir. L'infidélité passagère d'un prêtre fait naître en lui *un amour fou* pour le sacerdoce :

> « Dieu a voulu me montrer ces choses afin que je connaisse mieux les prêtres pour souffrir et prier davantage en leur faveur... Je ne serai jamais prêtre : pourtant, il n'est pas certain que parmi les prêtres en titre il s'en trouve beaucoup qui comprennent *leur dignité* comme je la comprends moi-même. En raison de cela, Dieu devait m'attribuer le rôle de collaborateur des prêtres plutôt que le sacerdoce. Suivant la pensée de Thérèse, Dieu m'a aussi fait comprendre que *la mission* de prier pour les prêtres est très importante. Car une fois le prêtre perdu, le monde tombe dans un état lamentable... Ainsi, je me mis à prier tous les jours pour mon curé. J'offrais au Seigneur mes travaux, ses insultes à mon égard afin que lui soit accordé la grâce

de la conversion... Parfois, j'étais tenté de céder à la colère et de révéler tout le mal que j'avais constaté chez lui de mes propres yeux. Mais à ces moments difficiles, Marie était là pour me consoler et m'apaiser... Et je me disais : il faut *tout endurer* pour que sa dignité de prêtre soit sauvegardée et produise du fruit dans les âmes... »

L'offensive contre les jeunes filles

Si Van prie et s'offre, il n'en reste pas moins hostile aux venues quotidiennes des jeunes filles à la Maison de Dieu. Non seulement elles venaient dans des lieux interdits par le règlement, mais elles tournaient la tête de la plupart des garçons. D'ailleurs, quelques temps avant *la fuite collective*, ils formaient deux partis : « L'un était favorable au curé en vue de recevoir la visite des jeunes filles... l'autre rassemblait ceux qui faisaient le mur pour chercher « l'amour » durant la nuit... ». Van, lui, restait neutre mais attentif à tous. Par sa bonté et sa patience, il regroupa peu à peu autour de lui plusieurs jeunes des deux tendances. C'est avec eux qu'il commença à protester contre toutes les déviances de la maison. Ils exigèrent en particulier que la cure soit « purgée » de l'infiltration grandissante des jeunes filles. Cela eut pour conséquence un mépris redoublé des responsables.

C'était donc décidé : ils quitteraient la cure un jour favorable. Mais avant, ils feraient des adieux inoubliables aux jeunes filles. Ceux-ci furent préparés avec soin :

> « Les armes étaient entièrement de *notre invention*. L'un avait fabriqué un arbalète en caoutchouc, un autre ramassait des petites pierres comme projectiles. Tous les soirs, on s'entraînait dans un coin de forêt qui nous servait de champ de manœuvre. On me confia la fabrication d'un lance-eau et la préparation d'une eau chimique pour l'alimenter. »

La veille du départ, l'offensive était donc prête. Le *petit commando* attendait son heure. Ecoutons Van nous décrire avec plaisir cette scène burlesque:

> « Vers onze heure seulement, les jeunes filles sortirent de la cure. Tout en marchant, elles causaient à haute voix, comme si elles avaient été chez elles. Dès qu'elles eurent franchi la porte intérieure, un mécanisme de cordes ferma doucement cette porte... Puis un garçon vraiment costaud, tenant en main un bâton à clous, se posta là pour barrer le passage... Prises au piège, les jeunes filles s'exclamèrent: « Mon Dieu ! »... Le chef, lui, lança un ordre bref: « A l'attaque ! ». A l'instant, une grêle de projectiles s'abattit sur les jeunes filles, tandis que le lance-eau chimique arrosait abondamment leurs habits sans épargner leurs visages... Certaines avaient avalé de ce liquide indéfinissable et se mettaient à cracher bruyamment, ce qui déclencha chez nous *un tel fou rire* que nous n'avions plus la force de tirer. Moi-même je riais tellement que je n'en pouvais plus... On fit ouvrir la porte et elles pensèrent que tout était terminé. Se guidant l'une l'autre, elles criaient et nous traitaient de « bande de chiens », quand soudain, elles touchèrent le piège de cordes et tombèrent à la renverse... Le chef cria alors: « A l'assaut ! ». L'infanterie se déplaça calmement vers les jeunes filles et, au moyen de courts bâtons, leur donna une volée... »

L'embuscade avait réussi à la perfection. Tout le petit commando faisait cercle autour des victimes. Ces dernières n'étaient pas au bout de leur peine. On allait leur faire vivre maintenant une véritable *célébration pénitentielle.*

> « Les jeunes filles se relevèrent et gardaient un profond silence, n'osant pas bouger. D'un ton solennel, le chef leur fit un petit discours sur *le respect* envers le personnel de la Maison de Dieu, à tous les degrés, et leur défendit absolument de s'approcher désormais des endroits interdits par le règlement. Ensuite, braquant une lampe sur le visage de chacune, il l'obligea à s'agenouiller et à réciter les litanies de la pénitence : « De fait, l'une mentionnait successivement les noms des garçons de la cure, et les autres répondaient : « Pardonnez-nous nos péchés. » Quand ce fut terminé, le chef leur accorda « l'indulgence plénière » et leur permit de sortir... »

Tout prenait fin quand le curé surgit, un bâton à la main. Il avait entendu les cris des jeunes filles et celles-ci s'empressaient de se plaindre... Fou de rage, il rassembla les garçons dans la cour, et se mit à les battre... Mais ayant tout prévu, chacun s'était fait un « coussin de brique pour amortir les coups », si bien que le curé cassait bâton sur bâton. Et ceux qui auraient dû pleurer *pouffaient de rire...* Ce soir-là, c'était vraiment le monde à l'envers.

Première fuite manquée : Van chassé

Après ces événements, la tension se fit de plus en plus vive à Huu-Bang. Le matin du jour suivant, personne ne voulut se lever pour donner au tambour le signal de l'Angélus. Ce fait marqua le début d'une *résistance directe* aux ordres du curé. Dès qu'il ouvrit la bouche, tous les jeunes se barricadèrent dans le dortoir. Ensuite chacun saisit un bâton et fonça au réfectoire. Là, ils frappaient sur la table en dénonçant la décadence et les injustices de la maison... Soudain, dans un accès de violence, ils se mirent à tout casser dans la cuisine. Affolés, le vieux cuisinier et son aide s'enfuirent... Juste après, les jeunes révoltés montèrent à la chambre d'un vieux catéchiste cruel, bien décidés à lui donner une volée. Certains menaçaient de mettre le feu à la maison s'il ne sortait pas...

> « Heureusement pour lui, note Van, il sut parler modestement ; sans cela, nous l'aurions *rendu boiteux*, ce jour-là. Quant au curé, il gardait un silence absolu et n'affichait plus son air imposant... Vraiment, jamais je n'aurais pensé que nous étions capables de nous battre avec une telle énergie. La plupart de nous n'avaient que douze ans ou moins ; l'âge des cinq plus grands variait de seize à vingt ans. Pourtant, une fois devenus furieux, toute force devait reculer devant nous... En vérité, notre groupe pouvait encore s'appuyer sur le droit. Aussi, quelles que soient les conséquences, nous n'avions peur de rien ! »

Après le repas de midi, chacun fit son paquet et il fut convenu du départ après le salut du Saint Sacrement. La fuite avait pour point de ralliement : Ngoc-Bao. Ils prirent donc la route et arrivèrent près du village de Ba-Caû. Mais là tout fut compromis. Van nous rapporte le triste événement :

> « Le chef encourageait tout le monde à *courir plus*

vite. Moi, je sentais mes pieds de plus en plus lourds et j'étais déjà tombé deux fois la tête la première. Malgré cela, je m'efforçais de suivre les autres. En cours de route, je jetais sur le bas-côté un lot d'habits afin d'être plus léger. Devant nous, le chef nous stimulait à nous hâter; derrière nous, nos poursuivants criaient en proférant de terribles menaces. A bout de souffle, exténué, la vue obscurcie par la sueur et la poussière... je n'en pouvais plus! Et je fus, malheureusement, le premier à tomber entre leurs mains. Ils me virent là, voulant relever la tête et respirant comme un homme à l'agonie. Puis, je perdis connaissance...»

Les plus grands auraient pu s'échapper, mais par solidarité avec les petits, ils revinrent à Huu-Bang de leur plein gré. Cet événement secoua le curé qui se fit tout à coup plus conciliant:

«Ce soir-là, remarque Van, il nous régala du nougat réservé aux jeunes filles et déclara qu'il changerait d'attitude envers nous.»

De fait, rien n'évolua et les plus grands demandèrent à partir. Le curé le leur accorda. D'autres furent renvoyés dans leur famille. Quant à Van, à la suite d'une dispute violente avec le curé, il fut expédié avec deux autres à la cure de Thai Nguyen. Pour lui, l'instant tant attendu était enfin arrivé. Il quittait Huu-Bang:

«Quand je fus monté dans le train, je poussai un long soupir et me mis à chanter: «O Marie, comme je vous remercie...» Mes deux compagnons voyant que j'avais l'air de me moquer de la vie me dirent: «Après avoir reçu tant d'insultes, comment peux-tu avoir l'air si calme?» Je ne répondis pas. Ils ajoutèrent: «Tu n'es plus capable de t'émouvoir, t'es un type au «visage épais». C'est vrai ; si je n'avais pas eu le *« visage épais »*, il n'est pas sûr que j'aurais pu endurer toutes ces humiliations. Mais comme j'ai le «visage épais», on a beau me frapper, la joie et la paix continuent de régner dans mon cœur... car plus je découvre *la superficialité de l'amour* en ce monde, plus je me sens poussé à pénétrer dans *la profondeur* du Cœur de Dieu. Je ne sais plus que mettre ma foi en son Amour, et la vie n'est pour moi qu'une *leçon de grande confiance* en Dieu-Amour».

Une Claire de Castelbajac aurait jubilé en lisant ces lignes. Elle qui écrivait: «La joie de Dieu, c'est quand Dieu prend *plus de place* en ton âme que tout le côté humain et désespérant.» A 12 ans, Van frôlerait-il ce que les Pères du Désert appellent «l'apatheia»[1]? Certes, on verra plus loin qu'il demeure encore fragile, mais quelque chose de fort a surgi en lui. C'est une nouvelle avancée sur le chemin de Dieu.

Nouvelle fuite et retour à Huu-Bang

Quelques jours suffisent à Van pour constater que la cure de Thai Nguyen ressemble étrangement à celle de Huu-Bang. Il décide donc à nouveau de s'enfuir pour retourner dans sa famille. Après deux jours de marche, il arrive à son cher village de Ngam-Giao. Très partagé «entre la joie et l'inquiétude», il se demande comment vont réagir ses parents devant sa fuite? Et puis, comment l'atténuer? Pas facile! Mais le voici arrivé:

---

[1]. «État spirituel de paix : «L'impassibilité, ce n'est pas l'extinction des passions mais leur parfaite maîtrise chez celui qui est étroitement uni à Dieu », Dom Regnault, *Les sentences des Pères du Désert,* éditions de Solesmes, 1970, p. 307.

> «J'avais à peine franchi la porte d'entrée que mon père m'aperçut. En me voyant triste, sale, déguenillé, le visage mouillé, les mains et les pieds hâlés par le soleil, il devina tout de suite que j'avais pris la fuite... Il me réprimanda à grands cris et me repoussa comme un vulgaire mendiant.»

Sa mère n'est pas moins dure et lui reproche sa désobéissance. Terrible douleur pour l'enfant de se sentir rejeté par ses parents. Assis dans un coin, il se met à pleurer... Seule, sa petite sœur Anne-Marie Tê a compassion de lui :

> «Elle était peinée qu'arrivant dans un état si pitoyable, on m'ait grondé sans pitié. Me serrant dans ses bras, elle me couvrait de baisers et m'encourageait à ne plus pleurer.»

Peine perdue, il continue de pleurer au point d'attraper un dangereux mal aux yeux. Pendant huit jours, il devra rester dans l'obscurité. Avec amour, sa mère le soigne puis le ramène à Huu-Bang. Elle ne pouvait croire les paroles de Van sur l'abbé Nha et la cure.

Après trois jours à la Maison de Dieu, la maman changea vite d'avis et fit quelques reproches discrets au curé. Mais vu la situation familiale limite, elle ne pouvait ramener Van à Ngam-Giao. Broyée autant que son enfant, elle l'exhorta à la prière et à la confiance, lui promettant de chercher un autre lieu pour sa préparation au sacerdoce.

> «A ce mots, ma mère déposa un baiser sur mon front et me demanda de retourner à la cure. Tandis qu'elle se dirigeait rapidement vers la gare, je la regardai s'éloigner. Ce n'est qu'après l'avoie vue disparaître

dans la forêt de Nôi que je me résignai à retourner. J'avais le cœur déchiré!»

Dès qu'il revint à la cure, l'abbé Nha l'appela dans sa chambre et lui fit comprendre que tout recommençait comme avant... Malgré son immense peine, Van reprit calmement sa besogne.

La fuite réussie

Deux mois passèrent quand survint un coup dur qui précipita les événements. Nous sommes en 1940, et sur le territoire indochinois, la tension est vive entre la France et le Japon. Face à face, les deux armées se livrent une guerre des nerfs. Le conflit est dans l'air et les jeunes garçons de la cure s'en inspirent pour jouer à la guerre. C'est de leur âge. Van est donc promu général des Japonais... Avec ses hommes, il remporte souvent la victoire. Un jour de grandes manœuvres survient alors l'incident qui allait tout déclencher. Ecoutons Van nous raconter l'affaire:

> «Nous menions le jeu avec joie quand malheureusement un des garçons en promenade au village revint plus tôt que les autres. Voyant que nous nous amusions de façon imprudente, il s'avança, *le regard courroucé...* et nous gronda à grands cris. Je crus bon de lancer une plaisanterie pour le faire rire et calmer sa colère:
> — Ah! Monsieur aurait-il manqué *sa rencontre* avec «sa dame» pour avoir l'air si fâché?
> Les soldats japonais éclatèrent de rire. Notre homme rit lui aussi, mais reprenant aussitôt son sérieux, il me dit:

— Tu n'es qu'un insolent!...
— Insolent?... Je ne sais qui est ici l'insolent... Hier soir, je ne sais quel type entourait les épaules d'une certaine personne dans un coin du parloir... et tu parles encore d'insolent?...
La bande de Japonais en herbe, avec grand tapage, lança ce cri:
— Hou! Pris en flagrant délit! Pris en flagrant délit!...
— Espèce de singe que tu es, Van, penses-tu que je badine ici avec toi comme un enfant?
Je fronçai les sourcils, sortis de ma poche *une moustache postiche* que je fixai sous les narines et lui répondis:
— Allons, il n'est pas sûr que tu aies autant de barbe que moi pour m'appeler enfant.
Me voyant dans cet accoutrement étrange, il éclata de rire, mais se resaisissant aussitôt, il se précipita vers moi en disant:
— Qui oses-tu tutoyer ainsi?
— Et qui m'a traité et tutoyé le premier?
— C'est moi!
Et sans me laisser le temps de répondre, il me fit cette menace:
— Prends garde! et remets-moi les pétards et les allumettes...
— Qu'est-ce que tu dis? Si tu veux jouer aux pétards demandes-en et je t'en donnerai; mais si tu prends des airs de *grand mandarin* pour m'intimider... je ne t'en donnerai pas. D'où te vient cette prétention de croire que, étant grand, tu peux opprimer n'importe qui?»

De fait, Van avait raison. Les enfants avaient le droit de jouer, et ce garçon n'avait aucune autorité sur eux. Alors, excédé, celui-ci le frappa brutalement tandis que les autres petits s'enfuyaient. Le soir, tout fut rapporté au vieux catéchiste cruel. Ça n'était pas à l'avantage de Van. Une fois de plus, on allait se venger sur lui. Exaspéré, il décida à nouveau de s'enfuir dès le lendemain. Ainsi, à l'heure du lever, prétextant qu'il était malade, il resta au lit. Puis... il confia sa fuite à la Sainte Vierge et à son ange gardien. Ensuite, tout devait s'enchaîner selon un plan préétabli. Très fûté, il avait fait d'abord de la désinformation :

> « Il y avait un enfant qui flattait spécialement le curé et qui était le principal agent d'information entre les jeunes filles et les grands garçons...
> A dessein, je lui fis part de mon intention afin que ma fuite puisse réussir. J'avais projeté un plan très habile et très amusant : faire en sorte que *le poursuivant* coure devans *le fuyard* et que le fuyard se cache derrière le dos du poursuivant. Je pris donc le parti de me cacher dans la maison jusqu'au moment où les gens partiraient à ma recherche ; alors, je m'enfuirais derrière eux. Il fallait donc que j'annonce d'avance ma fuite à l'agent d'information qui, ne me voyant plus dans mon lit, ferait connaître aussitôt ma fuite. »

C'est exactement ce qui se passa. Mais au lieu de fuir, Van se cacha dans un fourré tout en disant avec ferveur son chapelet. Ensuite, il grimpa en haut d'un arbre pour plus de sécurité. De là, il pouvait observer tous ceux qui le traquaient dans la forêt... Puis, après un long moment, *le calme* se fit. Le fuyard se souvient de cet instant merveilleux :

> « Le soleil montait peu à peu et, à travers les branches, projetait ses rayons jusque sur mon visage. Les oiseaux gazouillaient leur prière du matin. Mon cœur fut soudain rempli d'une grande joie... J'avais l'impression d'avoir échappé au malheur. Je fis le signe de croix et récitai ma prière du matin. »

Soudain, Van aperçut quelqu'un se diriger vers l'embarcadère. C'était le garçon qui l'avait battu la veille. Il voulait sans doute l'empêcher de prendre le train de huit heures en direction du Sud. Après avoir traversé le fleuve, Van le suit de loin. A la gare, le dernier fait qu'il nous rapporte est digne d'un roman d'avanture ; écoutons-le :

> « Quand notre homme fut parvenu à la gare, je me faufilai aussitôt à l'abri d'une haie très dense le long de la voie ferrée... De là, je pouvais observer tous les gestes de mon limier. Affolé, il s'informait de-ci de-là si l'on n'avait pas vu *un petit gars* de 12 ans venu pour attendre le train... Malheureusement pour lui, le train pour le Sud que je devais prendre avait du retard ce jour-là... et le train pour le Nord arriva le premier. Comprenant que mon homme surveillait uniquement celui vers le Sud, je sautai d'un bond dans celui qui partait vers le Nord... et cela, juste au moment où arrivait l'autre en sens opposé !... »

C'était gagné ! Van avait réussi sa fuite... Mais que d'émotions !

Van, l'enfant de nulle part

Une fois dans le train, notre fuyard pénètre dans un wagon rempli de soldats japonais ; c'était le bon moyen d'échapper aux contrôleurs. Puis, fermant la porte, il salue les passagers à sa manière :

> « Me tenant bien droit, je leur fis un geste à la militaire : O-Mai-Yô ! Bonjour messieurs ! Je ne connaissais

que ces mots... Alors, les soldats japonais braquèrent leurs yeux sur ce petit gars et éclatèrent de rire. Je m'assis sur la banquette au milieu d'eux et ils m'adoptèrent... »

Et dire que la veille au soir, il jouait le rôle d'un général japonais! Van ne peut s'empêcher de sourire... En gare de Vinh-Yên, il fausse compagnie aux militaires et prend un train en direction du Sud. Voyageant sans billet, il a des ennuis avec le contrôleur. On l'oblige à descendre un peu avant Bac-Ninh. Là, il tombe sur deux tertiaires connues à Huu-Bang. Elles l'invitent à passer la nuit chez elles avec le secret dessein de le ramener à la cure. Grâce à Dieu, une personne de sa parenté prend sa défense et lui donne un peu d'argent pour repartir.

Ici, va commencer pour Van *une vie d'itinérance*. Il n'a plus aucun point de chute... même pas sa famille. Il essaie bien de se rendre chez sa tante Khanh, mais ses deux tentatives échouent. Alors, après avoir vagabondé deux jours dans les rues de Bac-Ninh, l'enfant de *nulle part* essaie d'y survivre:

« Là, je rôdais sur la place du marché en offrant mes services. Je transportai de l'eau et lavai la vaisselle dans les auberges. Je travaillai un jour ici, un jour là, et quand il me restait un peu de temps, j'entrais dans une église visiter le Saint Sacrement et dire mon chapelet. Je menai cette vie durant trois jours sans ramasser un sou car les maîtres des restaurants me payaient en me donnant à manger les restes des clients. De plus, comme je travaillais bien, on voulait me garder. Ignorant d'où je venais, les gens me prenaient pour *un enfant égaré* lors de l'entrée des Japonais à Lang-Son. »

Fuir pour vivre...

Le petit révolutionnaire

Le troisième jour, Van travaille pour une vendeuse ambulante de soupe chinoise. Après quelques échanges sur le boulot, ils découvrent avec joie qu'ils ont la même foi. Le courant passe. Cette mère de famille se propose alors de l'aider. Le soir venu, elle l'accueille chez elle; une maison de banlieue lamentable et nauséabonde. Elle vivait là avec ses quatre enfants. Dans cette misère noire, Van retrouve pourtant un peu de chaleur humaine. Il fraternise vite en particulier avec Dinh, l'aîné de 14 ans qui aime à l'appeler déjà «petit frère». Un soir, il lui raconte comment sa famille en était arrivé là à cause du patriotisme de son père. Ce dernier était instituteur à Bac-Giang et gagnait bien sa vie. Mais à partir du moment où il fut affilié au Parti révolutionnaire, le gouvernement français le congédia. Après l'écrasement de l'armée de libération par les forces françaises, le père de Dinh revint clandestinement en famille. Par malheur, il fut pris un jour par une ruse d'espions à la solde des Français et il disparut... Van buvait toutes les paroles de Dinh. Il découvrait des tas de choses et était dans *l'admiration* du sens patriotique de ces révolutionnaires:

> «Ce sont des gens qui aiment leur pays et leurs compatriotes; mais quand ils les voient déshonorés et méprisés, ils en souffrent amèrement et cherchent à les libérer par tous les moyens. Pour donner à la nation cette liberté, ils prennent le parti de se cacher et souvent de risquer leur vie pour atteindre leur idéal. Je me sentis soudain *pris d'affection* pour les révolutionnaires, je pleurai sur ceux qui étaient morts... bien qu'ils aient poursuivi un but opposé à la religion comme

l'aimable révolutionnaire Trân-Trung-Lâp... J'ai entendu dire qu'au moment de son exécution, un prêtre est venu pour l'assister et lui, l'a traité de «cochon» émissaire des français colonialistes...»

Mais Dinh coupa court et lui dit:

«Assez, Van, si tu les aimes, aie soin de prier pour eux, car mon père le disait: il y a bon nombre de révolutionnaires qui ne savent voir que *leur mouvement* et considèrent tous les autres comme des ennemis anti-révolutionnaires...»

Mais tout à coup, la maman de Dinh surprit l'échange interminable et invita tout le monde à dormir. Ainsi, finirent les propos sur la révolution. Pourtant, Van ne trouve pas le sommeil. Des tas d'idées se bousculent dans sa tête. Il projette, il transpose, il veut du neuf... Il rêve d'une *révolution ecclésiale*:

«Il me vint le désir d'être aussi un révolutionnaire: lutter pour créer *un bel avenir* à l'Eglise du Vietnam, réformer les paroisses, encourager les aspirants au sacerdoce et leur donner un milieu porteur... etc. En réalité, je me demandais si la situation des petits révolutionnaires comme moi avait jamais attiré l'attention de quelqu'un? Envahi par un sentiment d'impuissance, je me mis à pleurer. J'étais peiné et révolté de voir que personne ne s'intéressait à la vie de ces enfants sincères qui se préparent au sacerdoce.»

Ne crains pas, Van: «Certaine fleurs ne poussent que là où il est tombé des larmes» [2]. Ce que tu sèmes

---

2. D'un chant de Jeunesse-Lumière: «Eglise, mon Amour».

dans la détresse, tu le moissonneras dans l'allégresse. L'hiver de ta vie annonce *le printemps* de l'Eglise...

Vendu comme un esclave

Van ne resta pas longtemps chez la maman de Dinh. En effet, le frère de cette dame s'opposa violemment à sa présence et le menaça même avec une arme blanche. Tout le monde eut très peur. La mère de Dinh réalisa alors qu'elle ne pouvait pas garder l'enfant. Pour lui éviter le pire, elle le conduisit au marché et le recommanda à d'autres personnes. Dur moment pour Van :

> « En quittant la maison de cette femme, je regrettai le bonheur qui y régnait, en dépit de sa grande pauvreté... Il me fut impossible de retenir mes larmes quand je la quittai pour reprendre *ma vie de vagabond* au marché de Bac-Ninh. »

Une fois de plus, le vent tournait et Van se retrouvait seul dans la ville. Livré au pouvoir de la rue, il allait multiplier les expériences douloureuses.

Tout commença en fin de journée : beaucoup de gens le plaignaient, mais personne ne levait le petit doigt pour l'aider. Par contre, il remarque une jeune femme qui le suit partout :

> « Elle marchandait d'un endroit à l'autre sans rien acheter tout en *me suivant du regard* avec beaucoup d'attention. Quand tout le monde fut dispersé et que

le marché fut désert, elle s'approcha de moi pour m'amadouer :

— Ecoute, petit, la nuit vient et il serait convenable que tu viennes chez moi...

Les mots « la nuit vient » me firent penser à la nuit glaciale que je devrais affronter dans ce marché ouvert à tous les vents. Je levai les yeux sur cette femme puis les baissai aussitôt pour laisser couler des larmes. Au lieu de lui répondre, je frottai du pied le pavé du marché. Voyant cela, elle me pressa de nouveau :

— Viens chez moi, je me chargerai de te nourrir et de te faire étudier comme il faut.

Franchement impressionné par sa petite croix et ses paroles empreintes de douceur, j'acceptai sa proposition et la suivis chez elle. »

Van aurait dû se méfier. Dès qu'il arrive à la maison, le piège se *referme* sur lui. Aidée de son mari, cette femme se révèle trafiquante d'enfants. Dès le lendemain, une rencontre a lieu avec une cliente : elle le regarde de la tête aux pieds, le questionne, lui parle d'un air affable comme pour l'infléchir... Van comprend qu'il est *mis en vente*. Humilié, il baisse la tête et laisse couler des larmes. Après avoir fixé le prix avec le couple, la dame disparut. Affaire réglée. Elle devait prendre l'enfant le lendemain. A partir de ce moment, Van est pratiquement séquestré : on doit veiller sur la marchandise. Lui, essaie de garder son calme et attend un moment favorable. A l'heure de la sieste, il prie fort la Sainte Vierge et réussit à s'évader...

L'enfant de la rue

Le revoici dans les rues de Bac-Ninh. Après une nouvelle expérience malheureuse dans une famille qui l'exploita et le chassa, Van choisit délibérement la rue et la mendicité :

> « Je courus à l'église pour *confier de nouveau ma vie* à la Sainte Vierge. Après avoir récité mon chapelet, je sortis et ne retournai plus au marché de Bac-Ninh. Mon métier allait consister désormais à *tendre la main* aux passants qui circulaient de l'église à la gare et de la gare à l'église. A cette époque, je menais une vie très irrégulière. Quand il faisait soleil, tout allait bien, mais il y avait des jours de pluie... J'étais tantôt rassasié, tantôt affamé ; la nuit venue, je me couchais au pied de quelque gros arbre ou sous les auvents, en bordure de rue. Après une semaine de cette vie, j'étais méconnaissable. J'avais les mains et les pieds amaigris, la peau brunie par le soleil et les joues creuses. Ma chevelure était démesurément longue et sale... même sans miroir, je pouvais me rendre compte que j'avais beaucoup changé... »

Faire la manche, dormir à la belle étoile, traîner dans les rues sans aucune sécurité, Van passe par *la terrible école d'humilité* qu'implique la vie de mendiant. S'il ne regrette rien, une inquiétude demeure :

> « Je portais toujours le même habit qu'au moment de ma fuite... A part cela, je n'avais qu'un grand sac à patates que j'avais ramassé dans la gare de Bac-Ninh. Il me servait à la fois de manteau et de foulard. Je l'utilisais aussi pour contenir les restes que les gens me donnaient en aumône. Et quand venait la nuit, c'était une couverture bien commode... Je ne trouvais pour-

tant rien de pénible dans cette vie de pauvre vagabond. J'éprouvais au contraire *une joie paisible* à souffrir pour Dieu. Je savais qu'en m'évadant, j'avais fui le péché, j'avais fui ce qui afflige le Cœur de Dieu. Aussi, malgré le côté pénible de ma situation, je l'acceptai de bon cœur. Je n'avais *pas peur de la souffrance*, même si elle m'arrachait bien des larmes... En ce temps où je devais sans cesser lutter pour la vie, je désirais toujours devenir prêtre. Mais comment y arriver si je continuais à vivre dans la rue? J'aurais tant voulu rencontrer un prêtre qui me comprenne. Mais où le trouver?»

L'immense détresse d'un enfant seul dans la rue, qui la comprendra? Van, comme tu ressembles *aux enfants de la zone* dans les rues de nos grandes villes. Toi qui es passé par la loi de la rue; toi qui sais cette dureté; n'oublie pas les millions de gosses qui, de par le monde, sont exploités, battus, prostitués, vendus, rejetés... Nous les confions à ton *immense* cœur d'enfant.

Le grand retour: Hanoï, Huu-Bang, Ngan-Giao

Les rues de la ville n'étaient plus très sûres pour Van. A deux reprises, des gens avaient failli le reconnaître. Il prit donc la décision de quitter Bac-Ninh et de mendier ailleurs. Après réflexion, il opta de faire la manche dans les trains:

«Je mis donc à exécution cette nouvelle méthode, avec comme trajet habituel: Bac-Ninh — Hanoï — Bac-Ninh. Cela me permettait de bouger plusieurs fois par jour. La nuit, je couchais à Gia-Lâm dans les wagons vides... Je ne perdais pas l'espoir de me rendre

> chez ma tante, mais impossible de mettre un sou de côté; j'avais à peine de quoi *vivre au jour le jour*, parfois pas assez. En plus, ce n'est pas facile de mendier dans les trains. On doit ruser pour éviter le contrôleur et si, par malheur, on se fait avoir, il faut s'attendre à être battu et peut-être même envoyé en prison. Malgré tout, il fallait bien vivre...»

Une fois, sa combine tourne mal et il échappe de justesse à un employé féroce en gare de Hanoï. Vraiment pas évident de mendier dans les trains!

Un jour pourtant, Van décide de retourner à Huu-Bang. Après cette période de vagabondage, il a besoin d'habits propres et du reste d'argent qu'il avait caché dans sa malle. Arrivé sur les lieux, il essaie de passer incognito. Mais prévenus par un garçon, tous les petits lui tombent dessus et lui font la fête. Ils sont si heureux de retrouver leur «général»... Le lendemain, il demandera pardon au curé; ce qui ne l'empêchera pas de s'enfuir chez sa tante sans attendre.

Deux semaines s'écoulent et la tante Khanh le ramène chez ses parents. La situation y atteint un paroxysme et Van va y vivre un calvaire:

> «Dès mon retour à la maison, je fus traité comme *un fils dégénéré* par mes parents. Ma famille était pauvre; la moitié de la rizière avait été mise en gage. Malgré cela, mon père, indifférent, continuait de mener une vie aisée. Il avait toujours de l'argent pour le jeu, alors que ses enfants n'en avaient pas assez pour vivre... Ma mère était la colonne de la famille... sa survie dépendait uniquement d'elle. Un cœur de mère reste toujours un cœur de mère; cependant, très mécontente de ma fuite, elle me traitait comme si je n'étais plus son enfant... A partir de ce moment, *la porte de*

> *mon cœur se ferma hermétiquement : je n'osais plus lui adresser une parole affectueuse et je pleurais de longues nuits pour exprimer ma profonde tristesse... »*

Son seul appui devient alors sa grande sœur Lê :

> « Voyant elle aussi la tristesse du milieu familial, elle désirait trouver un endroit paisible pour entrer en religion. Nous sommes tombés d'accord pour partir tous les deux, mais sans déterminer l'endroit où nous irions. »

Erreur fatale. Après une course poursuite inouïe, le père les rattrapera et les oblige à rentrer à pied : vingt kilomètres !

Au bord de l'enfer

Après cet événement, un autre va faire déborder le vase : visitant la famille, l'abbé Nha se plaint de Van sur un tas de choses et n'hésite pas en finale à l'accuser de vol. Odieuse calomnie qui fera le tour du village. A partir de là, toute sa famille se retourne encore plus violemment contre lui. Considéré comme « un sale type », il n'est plus crédible en rien. On se méfie de lui. Pour une bagatelle, on l'accuse ou le frappe. Partout où il va, il est « objet de mépris ». Sa seule consolation est d'être encore l'apôtre des petits :

> « En ce temps-là, j'évangélisais en secret un groupe d'enfants qui louaient leurs services... Ayant vécu une vie semblable à la leur, je connaissais leur situation et le mépris dont ils étaient l'objet... »

Mais même cela, sa mère vint le lui interdire. Van se retrouve vraiment seul. Incompris et méprisé comme jamais, il s'enfuit plusieurs fois de la maison familiale «sans oser revenir». L'église est *son seul refuge*. Il se nourrit des restes de cire qu'il trouve sur l'autel ou des miettes de gâteaux à la maison communale.

Cette série d'épreuves fait monter en lui la tentation suprême : celle de *la désespérance*. N'ayant plus aucun point de repère, il se sent au bord de l'enfer :

> «En peu de temps, j'en vins à me considérer comme *un être abject*. Le démon faisait naître en moi cette pensée : si les hommes ne peuvent plus me supporter, comment Dieu me supporterait-il davantage ? Je vais bientôt mourir et je devrai tomber en enfer ? Dieu me juge dès ici bas... Cette pensée augmentait ma crainte. J'avais peur de mourir subitement et d'être entraîné en enfer par les démons...»

Une fois de plus, sa *seule étoile* est Marie. Dans cette nuit d'enfer, il garde «une ferme confiance en la Sainte Vierge». Dernier refuge contre l'ennemi, elle lui répond par une grâce inoubliable. L'enfant avoue : «Il est impossible d'en décrire toute *la force mystérieuse*...»

Vers la fin de l'année 1940, Van va trouver l'abbé Dominique Nghia pour vivre une confession générale. Il déverse aussi dans son cœur de prêtre tous ses doutes et ses douleurs. Celui-ci l'écoute et l'apaise en lui disant : «Accepte de bon cœur toutes ces épreuves et offre-les au Seigneur. Si Dieu t'a envoyé la croix, c'est un signe qu'il t'a choisi.»

TROISIEME PARTIE

PUISSANCE DE L'ENFANCE

(1940-1942)

*« Il y a ici seulement
un enfant qui a cinq pains
et deux poissons »
Jean, 6,9*

*« Un vrai savant,
c'est un enfant
qui a de la patience »
M.D. Moliné*

I

RESISTER POUR AIMER (1940-1941)

Hiver 1940-1941 : la guerre mondiale bat son plein et se répercute en Indochine. Le Tonkin n'est pas épargné. Aux conditions économiques précaires vient s'ajouter un froid rigoureux. C'est dans une telle atmosphère que Van aborde la troisième période de sa vie. En pleine nuit, « la saison des grandes joies va commencer... »

Noël : « Le cadeau de l'Amour »

Criblé par l'ennemi, labouré par la vie, l'enfant du Tonkin n'a pas dérivé. D'un long regard, il fixe l'horizon. Une *attente unique* l'habite :

> « Cette année-là, je ne rêvais plus aux cadeaux de Noël comme au temps de mon enfance. Cette fois, je comprenais que *mon cadeau de Noël* m'avait été préparé par les larmes et les souffrances des derniers mois.

> Mais le sens mystérieux de la souffrance m'échappait...
> Pourquoi Dieu me l'avait-il envoyée ? »

C'est ici que Van reçoit « le cadeau de l'Amour ». En pleine Eucharistie, Jésus lui révèle *un secret* :

> « La messe de minuit commence... Dans mon cœur, il fait sombre et froid. Je ne sais plus où chercher un peu de lumière et d'amour... En cet instant, *Jésus seul* est tout mon espoir. Je soupire après sa venue. L'heure tant désirée arrive... J'étreins Jésus présent dans mon cœur. Une joie immense me saisit ; je suis hors de moi : j'ai trouvé *le plus précieux trésor de ma vie*... Pourquoi mes souffrances me paraissent-elles si belles ? Impossible à dire... »

Soudain, ses yeux s'ouvrent. Son cœur s'illumine. L'enfant de Bethléem a fait lever en lui sa puissance :

> « En un instant, mon âme fut transformée. Je n'avais *plus peur de la souffrance*... Dieu me confiait une mission : celle de *changer* la souffrance en bonheur. Je n'avais pas à la supprimer, mais à la changer en bonheur. Puisant sa force dans l'Amour, ma vie ne sera plus désormais que source de bonheur... »

Pieux sentiment ou vraie naissance ? Tout va se *vérifier* très vite : durant la seconde messe, Van cherche à approcher son missel d'une bougie pour lire une prière. Brusquement, « quelqu'un de la famille » éteint la bougie et lui fait remarquer qu'il n'a rien à faire ici. La réaction est inattendue :

> « Autrefois, je n'aurais pas manqué de m'emporter ; mais cette nuit-là, *quelque chose avait changé*. Calme-

ment, je fermai mon livre et allait me blottir près d'une colonne... Pour une fois, j'avais su souffrir avec joie par amour de Jésus. Aussi, j'allai faire une visite à la crèche et offrir à Jésus le cadeau reçu. De retour à la maison, je rencontrai celui qui m'avait éteint le cierge et lui souhaitai Joyeux Noël comme si de rien n'était. »

Van n'est plus le même. En cette nuit de lumière, il est *né quelque part* [1]. Une course de géant commence...

Pour Marie: « procession nouveau genre »

Quelle lumière les semaines qui suivent Noël! Van se sent revivre. Il retrouve toute une fraîcheur d'âme. Comme au temps de sa petite enfance, de grands élans spontanés montent en son cœur. Il se met à rêver, à espérer...

Son cadre de vie extérieur va aussi changer. Début 1941, à l'occasion du «Tet» [2], la tante Khanh, vient faire une visite à la famille. Voyant son «neveu préféré» pâle et fatigué, elle obtient de sa mère de le prendre chez elle. Là-bas, plusieurs mois durant, Van retrouvera une vie équilibrée. Autre bonne surprise: sa nouvelle cousine Dê, jeune femme du cousin Khanh. Il va vivre

---

1. Van sait qu'il a reçu une grâce similaire à celle de Thérèse. Ne raconte-t-elle pas dans *Histoire d'une âme*: «En cette nuit où Il se fit faible et souffrant pour mon amour, il me rendit *forte et courageuse*... Je marchai de victoires en victoires et commençai, pour ainsi dire «une course de géant»... En un instant, l'ouvrage que je n'avais pu faire en 10 ans, Jésus le fit...» (MS A, 44v°-46v°).
2. Grande fête annuelle vietnamienne.

avec elle une merveilleuse communion dans le Seigneur... Certes, son emploi principal est un peu humiliant : faire paître le bœuf. Mais Van l'accepte de bon cœur. La grâce de Noël est toujours présente. Son âme repose en paix...

Déçu par la vulgarité des jeunes bouviers du village, Van prend ses distances et se met à inventer de singulières processions :

> « J'allais donc faire paître mon bœuf à part en tâchant de m'amuser avec la Sainte Vierge. Seul avec lui, ma grande joie était d'organiser *une procession nouveau genre* : je divisais le champ en plusieurs parties assez éloignées les unes des autres ; j'ornais mon bœuf avec des fleurs variées que je lui fixais aux cornes. Puis, m'agenouillant sur son dos et tenant en main l'image de la Sainte Vierge, je le faisais paître lentement au bord de la rizière en récitant le chapelet à haute voix. Quand j'avais terminé une dizaine et que le bœuf n'avait pas encore atteint la limite fixée pour la dizaine suivante, je me mettais debout sur son dos et chantais un cantique en l'honneur de la Sainte Vierge. D'ordinaire, ces processions duraient deux à trois heures, mais jamais je ne me sentais fatigué. Et quand le bœuf n'en pouvait plus, j'interrompais la procession et le ramenais à l'étable. »

Un jour, observant le gosse, un chrétien du coin lui reproche son manque de respect envers la Sainte Vierge. La réponse ne se fait pas attendre : « Quel manque de respect y a-t-il à cela ? lui rétorqua-t-il. J'aime la Sainte Vierge ma Mère et *je l'aime partout...* » Notre homme, interdit, fila en disant : « Ce gosse est vraiment un enfant terrible ! »

Ce petit incident est l'occasion pour Van de nous

livrer un enseignement qui lui tient à cœur. Toute sa vie, il s'est battu pour affirmer et expérimenter *la douce proximité de Dieu*:

> «Combien d'âmes dans leur relation à Dieu ont encore *peur de lui* comme d'un être très élevé et très lointain? Ne percevant pas ce qu'est l'Amour, ces gens-là n'osent jamais se permettre la moindre pensée d'intimité avec Dieu. Ils se contentent de regarder Dieu comme un Roi au-dessus de tous les Rois [3]...»
>
> «... Quant à moi, chaque fois que j'ai su *me blottir sur le cœur de Marie*, j'ai senti qu'elle me rapprochait davantage de Jésus. Oui, je sentais Dieu tout proche comme la fleur des champs, le murmure du vent, la splendeur de l'aurore ou le chant de l'oiseau résonnant dans l'espace. Non, Dieu n'a jamais été pour moi *un être lointain*; sans avoir jamais eu de lui une manifestation visible, j'ai toujours perçu les créatures comme une voix, un signe qui m'attache à lui et me presse de l'admirer... Ainsi, les champs me paraissaient de jour en jour revêtus d'une plus grande beauté et me faisaient pénétrer *plus profondément* dans le Cœur de Dieu.»

Victoire sur la peur: avec Dieu à Huu-Bang

A la suite d'une vexation sur une question de nourriture, Van s'obstina plusieurs jours à très peu manger. Devant son attitude inflexible, Tante Khanh dut le ramener chez sa mère. Plus tard, l'enfant lui demandera

---

[3]. «Bien que vous soyez Roi, Seigneur, je peux vous parler *comme à un ami*» (Ste Thérèse d'Avila).

pardon ; mais sur ce fait, celle-ci prendra toujours sa défense : « Il faut être *entêté* pour devenir un héros. Quand il dit non, c'est non ; mais quand il dit oui, c'est oui. » Et elle formulait ce souhait : « Si tu pouvais être toujours aussi ferme dans la voie de la « Vérité », ce serait vraiment magnifique ! » Ce souhait deviendra réalité.

Après l'Ascension, il rentre chez ses parents qui lui font un accueil chaleureux. Le voici donc à nouveau en pleine harmonie familiale quand surgit un événement énorme : l'abbé Nha arrive pour innocenter Van sur l'affaire du vol et demander son retour à Huu-Bang. Après l'effet de surprise, l'enfant se rebelle contre ses propositions. Il se souvient trop des discours trompeurs du curé... Les parents eux, ne se gênent pas pour faire la leçon au prêtre qui continue à insister. Finalement, la maman demandera à Van d'aller *prier pour accueillir* la lumière de Dieu :

> « Tout ce jour-là, avoue-t-il, je le passai en prière à l'Eglise... Le lendemain matin, j'allai communier et suppliai Jésus de me faire connaître Sa volonté pour trouver la paix. A ce moment précis, j'hésitais encore... arrêté par la peur. Après mon action de grâce, je me rendis à l'autel de la Sainte Vierge, et j'eus alors l'impression d'entendre une voix qui m'invitait à partir. Je compris immédiatement que c'était une inspiration. Fou de joie, je sortis de l'Eglise en courant et filai d'un trait jusqu'à la maison. Je cherchai d'abord ma mère qui se trouvait à la cuisine. Me voyant revenir tout rayonnant de joie, ma mère me gronda légèrement :
> — D'où viens-tu de folâtrer ainsi ?...
> — Maman, je suis décidé.
> — Décidé à quoi ?
> — Décidé à partir pour Huu-Bang avec l'abbé Nha.
> En souriant, ma mère me demanda :

— Qui donc t'a si bien amadoué?...
— Absolument personne! Je consens à partir parce que... parce que... ah! c'est un grand secret...
— Très bien, si tu es décidé, vas-y! Mais si jamais tu t'amènes encore ici, tu auras affaire à moi.
— C'est fini. Cette fois, à la vie, à la mort, je n'ai plus envie de m'enfuir. *Avec Dieu, je n'ai plus peur.* Je ferai ce qu'Il veut. Mais pense à prier Dieu pour moi chaque jour afin que je sois prêtre.»

Ainsi, la joie au cœur, Van prit la route de Huu-Bang. Une paix nouvelle a surgit [4]. La sérénité domine. La victoire de la Foi sur la peur, c'est *la naissance de la Sainteté* dans un cœur.

Naissance d'un guerrier de 12 ans

Comme prévu, rien n'a beaucoup changé à Huu-Bang. Van y retrouve «une atmosphère viciée par l'impureté et l'égoïsme». Le mal était grave et cette cure ne méritait vraiment plus le nom de maison de Dieu. Partout régnaient le désordre, le dérèglement, le scandale. Les paroles obscènes étaient monnaie courante. Alors surgit une question au cœur de l'enfant: «Pourquoi Dieu m'a-t-il poussé à revenir?»

Les trois premiers mois, Van pria et jeûna pour connaître la volonté de Dieu. Puis arriva le mois d'octobre, le mois du Saint-Rosaire. En ce temps qu'il aimait, advint un événement de taille:

---

4. «Il faut que l'âme sacrifie complètement *sa première paix* qui, étant enveloppée d'imperfections, n'était pas une paix véritable...» (Saint Jean de la Croix).

> « Un jour, par un triste après-midi, fuyant tout le monde... j'allai m'asseoir seul dans un coin de la sacristie pour me recueillir. C'était là chose exceptionnelle car habituellement, j'allai prier à l'église... *blotti dans un coin*, je n'attendai rien de précis. Quelle force surnaturelle m'a poussé à m'asseoir là, je l'ignore...
>
> J'étais là depuis un instant près de la jarre d'eau bénite, quand *un film* commença à se dérouler dans mon esprit. Je vis étalé sous mes yeux un monde rempli de péché, surtout contre la pureté. Ce qui m'effraya le plus, c'est de voir des *enfants innocents* comme moi qui tombaient eux aussi et étaient couverts de souillures... A cette vue, j'eus si peur que je transpirais fort. Il me semblait que mon corps était couvert de la lèpre du péché. Pourtant je ne connaissais pas le péché, je n'avais jamais désiré en commettre et les scandales de la cure avaient jeté mon âme dans le dégoût... Tenté de fuir à nouveau, je levai la tête, les yeux humides et les lèvres tremblantes, posant à Dieu cette question sous forme de prière : « Mon Dieu, que voulez-vous que je fasse ici ? » Pas de réponse... Je baissai la tête en silence... Il ne me restait que ma crainte et mes larmes. »

Le temps d'une pause et la vision reprit. Van est alors transporté dans un autre univers :

> « Puis le film continua et m'introduisit dans un monde de saints qui avaient gardé leur virginité à travers une vie toute simple. Et je me posai cette question : « Mais qui les a protégés pour qu'ils en viennent à mener une vie si pure et si belle ? » Je levai la tête, et peu à peu le film toucha à sa fin. Méditant toujours sur ma question, j'en conclus : si les saints ont pu *garder un cœur pur*, c'est parce qu'ils ont fait à la Sainte Vierge le vœu de rester vierge. Il en sera de même pour moi. Comme les saints, je veux garder la virginité

Un guerrier de 12 ans!

> à travers tout... Les yeux secs, le visage épanoui et le cœur apaisé, je me levai en hâte et entrai dans l'église. Là, agenouillé devant l'image de Notre-Dame du Perpétuel Secours, je posais les deux mains sur l'autel et les yeux fixés sur Elle, je lui fis cette promesse: «O Mère, à votre exemple, je fais le vœu de garder la virginité toute ma vie. Ces paroles à peine prononcées, je sentis mon cœur inondé d'une joie indicible... J'avais l'assurance que désormais la Sainte Vierge serait *la gardienne* de ma virginité... Ma vie sera désormais sa vie, mes peines seront aussi ses peines, et mon rôle sera de *rester toujours blotti* sous son manteau immaculé. En sortant de l'église, je me mis à courir et à sauter dans tous les sens comme l'écume blanche qui danse au pied de la chute...»

Plongé dans *la beauté de Marie*, notre Van va enfin trouver le pourquoi de son retour à Huu-Bang:

> «A partir de ce jour, je me mis de nouveau à réfléchir pour trouver un moyen de m'opposer aux mauvais exemples. N'était-ce pas là *la nouvelle mission* que Dieu voulait me confier et à laquelle il m'avait préparé depuis quelques mois?»

Oui, Van est revenu pour un combat. Il est désormais prêt à le mener: *résister* pour exister et *aimer* pour vaincre.

«Les anges de la résistance»

Lorsque Mère Teresa, traversant les Indes, fut saisie par la misère des populations, un immense désir monta de son cœur: «faire quelque chose...» Dans sa cure du Nord-Vietnam, Van en est là. Devant la détresse morale de tant de jeunes, il craque de compassion et se dit: «Même s'il ne restait plus dans le monde qu'un seul homme à sauver, je devrais *tout faire* pour le sauver.» Alors, il va se battre. D'ailleurs, il constate qu'il n'est pas «le seul homme de bonne volonté»... Des tas de «petits» désiraient aussi se libérer du joug des «grosses têtes». L'oppression n'était pas petite: ne fallait-il pas donner le nom de «grandes sœurs» aux amantes des catéchistes, des professeurs et même des jeunes garçons? Les petits ne devaient-ils pas souvent recevoir de ces filles des «gifles amoureuses»?

Chose curieuse, aucune n'osait toucher Van... C'est pourquoi tout va se déclencher autour de lui. Un soir, il va devenir *l'âme de la résistance*. Ecoutons les faits:

> «Un certain soir... tout le monde causait assis autour d'une lampe à huile. Les catéchistes échangeaient des propos inconvenants en se frappant les cuisses. L'un se vantait de la beauté de son amie, un autre de la douceur de la sienne... et quand ils bavardaient ainsi, nous, les petits, devions écouter tout cela comme on écoute *une leçon de catéchisme*. Une fois ou l'autre, ils nous provoquaient aussi pour voir si l'un d'entre nous comprenait *un petit quelque chose* à l'amour. Vexé, je me levai et sortis sur-le-champ. Le vieux catéchiste comprit que je n'aimais pas ces histoires et il me demanda:
> — Van, où vas-tu ainsi? Reviens que je te pose une question.
> — Oh! je sors, parce que j'éprouve quelque malaise.
> — Quel malaise? Allons, il faut bien *apprendre* les artifices de l'amour. Plus tard, tu sauras te choisir ainsi une amie.

> Un rire m'échappa que je stoppai aussitôt. Ils se moquèrent de moi et continuèrent à bavarder.
> — Van est *un saint*, jamais il n'aura envie de se marier.
> Je baissai la tête et voulus sortir.
> — Van, tu as la tête dure! dit le vieux catéchiste qui me rappela et continua sur un ton on ne peut plus grossier:
> — Dis-moi, Van, sais-tu quelle est la grosseur des seins de Mademoiselle Ngoan?
> Tout le monde éclata de rire, même le groupe des petits. En rougissant, je répondis:
> — Ils sont aussi gros que votre tête!!!
> Je pensais qu'en répondant ainsi, il allait se fâcher et me renvoyer... mais pas du tout, il se mit à rire et continua ses moqueries ambiguës... Alors, les larmes aux yeux, je sortis et ne revins pas... »

D'un seul homme, *le groupe des petits* était sorti avec Van. A cet instant, il est *devenu leur chef*. Le lendemain, il les réunit à midi à la lisière de la forêt et brosse en un quart d'heure les grandes lignes du combat:

> « A partir de maintenant, il faut que le règlement de la cure soit respecté. Si les grands sont dépravés et ont rejeté ce règlement, nous ne devons pas les imiter... »

Tous lèverent la main en signe de ralliement. Ils étaient six, résolus et forts d'être du côté de la vérité. Ce jour-là vit naître *« les Anges de la résistance »*. Sur cette petite troupe, Van s'explique:

> « Je choisis ce nom dans l'intention d'honorer nos anges gardiens et de demander leur protection. De là que le premier article de notre règlement nous prescri-

vait *une grande confiance* en notre ange gardien : penser à lui tous les jours et implorer son secours pour le succès de notre action... Tous les jours, nous tenions une réunion secrète dans la forêt pour délibérer sur les points contre lesquels il fallait protester... Dans certains cas, *la résistance* devenait acharnée. C'était lorsque les grands s'écartaient du règlement et usaient de la force pour nous opprimer... »

Résister pour exister, mais surtout aimer, aimer... S'aimer pour vivre du bonheur même de Dieu. Une dynamique de partage est lancée par Van :

« Ce qu'il fallait garder avant tout, écrit-il, c'est *l'esprit de charité*. Cette charité avait disparu de la maison et nous avions la mission de la rétablir. Tous devaient faire des efforts pour supporter les autres et leur venir en aide par tous les moyens. Je demandai à mes compagnons de réduire leurs dépenses en friandises et de faire une caisse d'entr'aide pour les plus démunis... »

Prière, combat spirituel, amour, partage des biens : on n'est pas loin de la première communauté chrétienne de Jérusalem (Ac 2, 42-47). L'Esprit-Saint est *action créatrice* et les fruits évangéliques ne se font pas attendre :

« En moins de trois semaines, constate Van, ces enfants auparavant timides, sales, paresseux et violents, étaient devenus doux, attentifs, propres et énergiques. Dans la troupe des « Anges de la résistance » ils étaient l'élite. Dans le même espace de temps, l'influence du bon esprit de la troupe franchit les murs de la cure pour s'étendre jusqu'à l'école et même chez les petits croisés de la paroisse. »

C'est vrai : « Là où il n'y pas d'amour, mets de l'amour et tu récolteras de l'amour » [5].

« Chien de Van »

Trop belle, trop lumineuse la petite troupe des anges... Sa résistance naissante, son amour contagieux, vont susciter des réactions violentes. Van le constate avec effroi :

> « Il y avait à peine un jour que la fleur était épanouie, quand le vent violent de la haine se déchaîna durant la nuit pour *l'écraser* dans sa beauté. »

L'Ennemi va frapper au cœur pour affaiblir la petite troupe : un intime de Van va trahir. C'est Doan. Timide et peureux, il dénonce la petite organisation au vieux catéchiste :

> « Craignant le pire si l'affaire venait à la connaissance du surveillant, le mouchard ne se contenta pas de rapporter les faits, il en ajouta de son cru de façon à esquiver pour lui-même l'humeur vengeresse d'un sadique. Une première convocation de la troupe à la chambre du surveillant n'aboutit qu'à resserrer les liens des associés. Mais à partir de ce moment, pour une minute de retard, pour un instant de sommeil à la prière, pour la moindre peccadille, les coups pleuvaient sur le dos des gosses, sans autre effet dissuasif » [6].

---

5. Saint Jean de la Croix.
6. Charles Bolduc, *Frère Marcel Van*, op. cit. p. 40.

On s'attaque surtout au «chien de Van» considéré comme «le pire de tous»... l'ennemi numéro un qui vient déranger les habitudes, surtout les relations amoureuses avec les filles. Trop c'est trop. Van va le payer cher. On cherche à le coincer. Une ruse est montée... et un après-midi, pour une histoire de plume et de permission, un «prof» trouve enfin le mobile pour arriver à ses fins. Avec son rotin, il s'attaque d'abord violemment au chef des anges, puis se tourne vers ses petits compagnons. Alors, Van est *ému en ses profondeurs*... et en un geste qui esquisse tout son avenir, il ressemble *étrangement* à quelqu'un:

> «Les voyant battus si injustement, remarque-t-il, sans qu'ils laissent échapper une plainte... j'éprouvais intérieurement *le désir de mourir pour les protéger*. Puis, sans dire mot, je me précipitai vers eux, les fis tomber par terre et rouler sous la table, afin que les coups s'abattent sur *moi seul*...»

Cela va valoir à Van de se faire massacrer par le maître qui finira par casser son rotin sur lui. Blessé de partout, il est sauvé par le signal de la récréation. Ses camarades s'approchent pour le soutenir et veulent prévenir l'abbé Nha. Van s'y oppose et préfère aller prier seul à l'église:

> «Jusque là j'avais pu retenir mes larmes, mais quand j'entrai à l'église, ayant fixé les yeux sur l'image de Notre-Dame, j'éclatai en sanglots. J'allai alors m'asseoir sur le banc d'en face et ne pus que répéter ces mots: «O Mère, voilà ma victoire! *souffrir sans peur*, voila ma victoire!» Quelques jours après, la douleur avait beaucoup diminué... Une famille du village s'oc-

cupa de me soigner. Grâce à quoi, je repris vite des forces et me sentis même plus vigoureux qu'avant.»

D'un geste sauveur et prophétique, Van a vaincu *la peur de souffrir*. C'est le grand tournant de sa vie... Cette vie qui s'écoule irréversiblement vers le martyre. Comme un Père Jerzy Popieluszko [7], il a basculé pour toujours du côté de l'Agneau...

Agent de liaisons dangereuses

Le combat des «anges de la résistance» va entrer dans une nouvelle phase. Van va lui fixer un but bien précis: «Arracher les jeunes filles au piège des amitiés malsaines». Pour cela il change complètement de *tactique*. Il se fait rassurant et en apparence complice des relations amoureuses entre les filles et les catéchistes... Du coup, le «chien de Van» d'autrefois leur semble maintenant un «doux agneau». Le vieux catéchiste et sa bande décident de le prendre comme *agent de liaison* à la place de Doan. Ce dernier va d'ailleurs se repentir et regagner en secret la petite troupe des anges. Van devient l'homme de confiance. Pas facile, mais pour sauver les brebis perdues, il est prêt à tout:

«Je me sentais plutôt gêné d'accepter le rôle d'agent de liaison entre les garçons et les filles... mais de toute

---

7. Dans le film «Le complot» d'Agnieska Holland, il y a *cette séquence magnifique* où l'on voit le P. Jerzy heureux, comme un enfant, de n'avoir *plus peur de souffrir*...

façon, je devais bien me résigner à vivre ainsi pour essayer de *libérer* ces jeunes filles de leur amour insensé. »

Van va d'abord s'attaquer à la fille la plus en vue des cadettes : Ngoan, l'amie du vieux catéchiste. Un soir où il est son éclaireur, il tente *une percée de lumière* :

« Ce soir-là, pour la première fois, je sondai le terrain en disant doucement à Ngoan :
— J'ai quelque chose à vous dire, mais je ne sais si vous l'accepterez ?
Elle s'approcha de moi, me prit par l'épaule et collant son visage contre le mien, elle dit :
— Qu'y a-t-il petit frère ? Parle, quoi que tu dises, je t'écoute...
— C'est bien vrai ? Vous jurez de ne pas dévoiler ce que je vais vous dire maintenant, n'est-ce pas ?
— Oui, vite ! Celui qui manque à sa parole est une canaille.
— A mon avis, il ne convient pas que vous aimiez le catéchiste comme vous l'aimez actuellement, puisqu'il s'est offert à Dieu...
Elle se mit aussitôt dans *une colère terrible* en me traitant de « chien de Van » avec la menace de me retirer sa parole. Je me hâtai d'ouvrir la porte et de la pousser dehors en disant :
— Bon, je vous ai dit la vérité, si vous ne m'écoutez pas, tant pis ! retournez chez vous et attentez *la honte* dont Dieu vous couvrira pour les péchés que vous faites commettre. Tout en sortant, elle me disait avec dépit :
— Je m'en fous ! C'et mon affaire et pas la tienne...
Je fermai la porte et retournai à la maison, l'esprit perplexe, un peu inquiet qu'elle n'aille le lendemain tout raconter au catéchiste. Dans mon intention, les

dernières paroles la visant n'étaient pas une prophétie. Cependant, Dieu a permis qu'elles se réalisent: plus d'un an après, cette fille mettait au monde un enfant dont personne ne connaissait le père. Quel dommage! Si elle avait su écouter la voix du *petit «chien» de la Sainte Vierge* qui aboyait pour lui signaler le danger... »

«Les lettres d'amour contrefaites»

Ayant échoué avec Ngoan, Van invente autre chose... l'Amour sauveur trouve toujours du neuf. Pour sauver les autres jeunes filles, voici son plan:

> «Avec elles, j'employai ce stratagème: toutes *les lettres d'amour* que les catéchistes leur envoyaient et toutes celles qu'elles expédiaient aux catéchistes, je les jetais dans un liquide spécial contenu dans une jarre au bout de la maison... Mais avant cette opération, j'avais soin de faire transcrire ces lettres avec la date. Une fois les copies terminées, je ne permettais plus au secrétaire de s'en occuper. J'allais toutes les porter sur l'autel de la Sainte Vierge; et là, pesant chaque mot, étudiant le style de chaque correspondant, je commençais à *contrefaire la lettre*... et ces lettres contrefaites, combien de fois il m'a fallu les écrire en secret, dans un coin des toilettes. Sûr que la Sainte Vierge et mon ange gardien ont dû beaucoup m'aider dans cette affaire; sans cela, il m'aurait été impossible de trouver les termes doux et tendres qui conviennent à des amoureux. Etant encore petit, je ne comprenais *pas grand chose* au langage de l'amour... et pourtant, jamais on ne s'est aperçu que c'étaient des contrefaçons!»

Après quelques jours de ce régime, un certain malaise s'installa parmi les amoureux: «Leurs regards autrefois ardents, passionnés, étaient pris maintenant pour des regards de mépris ou de moquerie... ils se parlaient difficilement et ne se comprenaient plus du tout. » Et quand tout commença à basculer vers la rupture, Van se penche alors *avec compassion* sur les jeunes filles :

> « Dans cette situation, le plus dur était pour les jeunes filles... Aussi j'allais vers elles pour les consoler par des lettres sur *la beauté d'un amour légitime.* J'ai même osé leur avouer mes falsifications pour les arracher à des liaisons sans issues. Et au lieu d'être fâchées contre moi, elles me témoignaient de la reconnaissance. Celles qui autrefois m'appelaient si souvent « chien de Van » ne m'appelèrent plus que « petit ange » ou « Mademoiselle Marie »... En effet, je signais toujours mes lettres par ces mots : « un ange », ou encore *« le petit secrétaire de Marie ».*
>
> Plus tard, ces jeunes filles ont rompu entièrement avec la bande des catéchistes. Aujourd'hui, toutes les quatre sont mariées à de braves garçons et coulent des jours heureux. Je me souviens encore du nom de chacune : Nhiên, Tu, Vân et Thân. »

Ainsi la victoire tant attendue est là. L'enfance a eu le dernier mot. *La fragilité confiante* a desserré l'étau de l'enfer. Van en éprouve une émotion très forte :

> « Après avoir tenu tête à l'enfer durant toute une période, le chef des « anges de la résistance » resta avec la victoire entre les mains. J'en éprouvais une telle joie et *une fierté enfantine.* Je savais bien que tout venait de Dieu mais devant la réussite du combat des « anges », je ne pouvais m'empêcher d'être ému. Dieu est infiniment puissant, mais il est encore plus digne de louange quand il se sert d'une *petite créature* sortie

de ses mains pour réaliser les œuvres de son Amour. Quel mystère ! »

Van, avec ce dernier épisode, tu nous livres le grand secret de ton cœur: pour sauver la brebis perdue, tu vas loin, très loin la chercher... jusqu'à en perdre la vie. Tu es maintenant tout prêt à accueillir le mystère d'une petite fille de France aussi fragile et folle que toi...

II

UNE MYSTERIEUSE PETITE SŒUR
(1941-1942)

Son petit frère vietnamien, cela fait longtemps qu'elle le suivait *du regard*... Entre deux rizières, derrière une haie de bambous, toujours là, elle attendait *l'heure de Dieu*. L'heure où elle pourra lui dire doucement au creux de l'oreille : « Van, Van, mon cher petit frère... Dieu m'a confié le soin de veiller sur toi, comme l'ange gardien de ta vie... »

Au petit séminaire de sainte Thérèse de l'Enfant-Jésus

La main de Dieu va orienter Van vers un autre lieu. Lui-même médite avec bonheur sur la raison de cette nouvelle étape :

> « Dieu voulait se manifester à moi en me faisant connaître ma mission spéciale qui consiste à être apôtre

plus par l'amour que par la parole... *Apôtre par* *«l'Amour absolu»*, c'est-à-dire par une vie cachée de prière et de sacrifice» [1].

Juste après le Noël 41, il reçoit une lettre de son ami Tân, alors élève au petit séminaire de Lang-Son. C'est lui qui aimait dire: «*La voie de Van*, c'est la voie toute droite». Or, voici qu'il lui annonce l'intention du Père directeur d'accepter de nouveaux élèves. Tân presse son ami d'arriver. Van alerte aussitôt le curé de Huu-Bang qui lui permet de partir mais à une seule condition: il n'emportera ni habits, ni sandales, ni rien. L'enfant prendra à nouveau la route dans une pauvreté absolue... Il connaît déjà cet *appel du large* où l'on quitte tout pour que la vie survive. S'abandonner entre *les bras de la Providence*, c'est ce qui empêche la joie de mourir.

Un beau matin de 1942, le voici qui débarque au séminaire «avec un habit noir tout décoloré et des sandales toutes sales». Dans la cour, tous les jeunes élèves s'assemblèrent autour de lui en criant: «Le petit frère de Tân est arrivé! Le petit frère de Tân est arrivé!» Mal à l'aise devant son ami déguenillé, Tân se mit à rougir. Van lui, avait envie de pleurer. Mais dès le lendemain, Tân procure à son ami des sandales neuves et quelques jours après des habits provenant du Carmel de Saïgon. Instant béni pour Van qui plus tard se souviendra:

«C'est grâce à ces cadeaux que j'ai pu découvrir le Carmel. J'entendais mes camarades dire: «Le carmel

---

1. «Mes seules armes sont la prière et le sacrifice» (Thérèse).

de Saïgon a des *liens particuliers* avec le petit séminaire de Lang-Son, car il a été le premier séminaire d'Asie à choisir comme *patronne* sainte Thérèse de l'Enfant-Jésus.» Je n'y ai pas beaucoup porté attention à cet instant, mais plus tard, en 1950, visitant la chapelle du Carmel de Saïgon, je me suis souvenu du cadeau de l'année 42. Et là, j'ai de nouveau prié pour exprimer ma reconnaissance aux carmélites...»

« Ne jamais mépriser les petites choses »

Van s'adapte vite à sa vie de séminariste, mais une chose le tourmente: il a peur des «Pères européens» (en l'occurrence des Dominicains). Dès qu'il en voit un, il va vite se cacher... Le père directeur le remarque et avec l'aide du Père Drayer du Fer, économe, il finira par l'apprivoiser. Quelques temps après, Van constate le changement:

> «Je m'ouvrais facilement au Père directeur qui m'appelait de temps en temps pour apprendre le français. Grâce à lui, je parlais assez bien et il me félicitait en disant que j'avais le ton et la clarté d'un Parisien!...»

Le Père Drayer du Fer l'admit, de son côté, dans la «Troupe des cadets de Notre-Dame». Le but de l'association était de former les jeunes à une vie simple et responsable pour en faire, sous la conduite de Marie, des témoins passionnés de l'Evangile. Le programme d'entraînement ressemblait à celui du scoutisme et Van n'hésite pas à parler des «scouts de la Sainte Vierge». Après un temps comme louveteau, il fit sa promesse à la Pentecôte de 1942 dans la patrouille du cerf. Il reçut le totem d'« Ecureuil » qui voulait dire pour lui : « *Joie et rapidité* à accueillir la Sainte volonté de Dieu. »

Dans ce qu'il appelle désormais une «vie de joie», Van retrouve peu à peu «le sourire d'autrefois» et «la sérénité de sa première enfance»... D'inoubliables journées s'imprimeront en son cœur quand il part camper avec la troupe. Il s'ouvre comme jamais aux beautés de la création et écoute le silence au cœur de la nuit. Il nous confie :

> «Là, j'aimais Dieu et Dieu m'enveloppait de *sa tendresse*. Oh! quelle intimité entre nous durant ces minutes de calme... et repassant dans mon esprit ma vie passée, je n'y voyais pas un instant, pas le moindre mouvement, ni la moindre action qui n'ait eu son origine dans la grâce divine. »

En ces instants si beaux, Van laisse monter en lui des désirs de feu :

> «Mon Dieu, promet-il, je vous offre mon corps tout entier et toute ma vie, longue ou brève, pour que votre Nom soit glorifié. »

Son désir de devenir prêtre le brûle de plus en plus et le pousse à concrétiser ses efforts. Pensant aux points du règlement comme à autant de «diamants d'amour», il prend une résolution : «Ne jamais mépriser *les petites choses.* » Thérèse n'est pas loin...

Au seuil d'une révélation

Eté 1942. Déjà six mois passés au petit séminaire quand Van apprend une triste nouvelle : faute de ressources, le petit séminaire de Sainte Thérèse doit fermer. De plus, les Japonais ont envahi le Nord-Vietnam et menacent de réquisitionner le bâtiment. Tout bascule à nouveau pour l'enfant : déception, peur, incertitude pour l'avenir. Il doit revenir à Huu-Bang passer ses vacances. Après une ultime démarche auprès du Père Drayer du Fer, il reçoit « avec une joie indescriptible » une merveilleuse nouvelle : avec Tân et Hiên, il est choisi pour continuer ses études à la cure de la paroisse Sainte Thérèse de l'Enfant-Jésus de Quang-Uyên. Dans ce petit bourg en bordure de la frontière chinoise, Van va rejoindre les Pères Maillet et Brébion, deux Dominicains solides et polyvalents... Enseigner, faire la cuisine, cultiver la terre, construire une église, rien ne les arrêtent.

Ainsi, Van, Tam et Hiên vont continuer leurs études. Certains problèmes surgiront avec les responsables des tertiaires au service de la cure. Cela mènera plus tard à une nouvelle rupture. Mais pour l'heure, Van est en forme. Plus que jamais, il est captivé par *son désir de sainteté*. Cependant, il bute comme toujours devant certaines représentations :

> « Malgré mon immense désir d'arriver à la sainteté, écrit-il, j'avais la certitude que jamais je n'y parviendrais, car pour être un saint, il faut jeûner, se donner la discipline, porter une pierre au cou, des chainettes, une chemise de crin, endurer le froid, la gale, etc. Mon Dieu, s'il en est ainsi, je renonce. Car après avoir lu plusieurs vies de saints, j'ai compris que la sainteté

> *se résume* en ces pratiques extérieures, avec en plus
> de longues extases et des nuits en prière. Tout cela est
> bien au-dessus de mes forces. Ainsi, je désespérais et
> me disais que mon désir de sainteté était *une pure
> folie*».

Pourtant, plus il fuit ce désir, plus il le harcèle. Il souffre terriblement de ce paradoxe. N'existe-t-il pas une sainteté à sa mesure? Une sainteté où l'enfance et la simplicité prédominent? Il a tellement parcouru de vies de saints «sans en trouver *un seul qui ait ri* et se soit montré espiègle comme lui». Chez eux, tout est si sérieux, si rigoureux et réglé dans le moindre détail. Van, lui, désirait tant que la sainteté soit conforme à cette pensée de saint Augustin: «Aime et fais ce que tu veux.» Oh oui! aimer, *aimer en tout*. Tel est son ambition... «Alors, qu'est-il besoin de se donner la discipline? Les gens ne trouvent-ils pas plus de plaisir dans *un simple regard d'amour* que dans mille cadeaux reçus?» Il doit bien en être de même avec ce Dieu qui n'aime que l'Amour...

La découverte: une petite voie

Sous les poussées de l'Esprit, Van va jusqu'au bout de son désir. Il ne comprend toujours pas une sainteté où l'enfance est absente:

> «Je cherchais donc un saint tel que je me le figurais,
> mais où était-il donc caché pour que je ne le trouve
> nulle part? De moi-même, je n'osais inventer une voie
> nouvelle... Alors que faire?»

Un soir, durant l'adoration du Saint Sacrement, il médite sur le mystère du Verbe Incarné caché dans l'Hostie. Et toujours ce désir de devenir un saint... Mais plus fort encore, *un nouveau trouble* le saisit : « Pour avoir osé devenir un saint, écrit-il, j'avais peur d'avoir commis un péché et je cherchais des tas de raisons pour réprimer ce désir... »

Van accuse ici le poids de toute une *spiritualité élitiste* où la fragilité a peu de place. Qu'est devenue l'infinie miséricorde de Dieu pour l'homme faible et pécheur ?... Avant de quitter la chapelle il se jette aux pieds de Notre-Dame des Grâces :

> « O Mère Chérie, je vous supplie de me donner un signe qui me permette de comprendre si la pensée qui torture mon cœur vient de Dieu ou du démon... »

Sitôt fini, le voici qui se dirige vers la salle d'étude. Perplexe, il se plante devant le rayon des hagiographies avec l'intention d'en lire *une dernière*. Et là, trouvaille : il se met à disperser toutes ces vies de saints sur une table. Puis, les yeux fermés, il prie Marie et fait ensuite tournoyer trois fois son bras au-dessus des livres. Sa main vient se poser n'importe où... Va-t-il enfin tomber sur une vie de saint à sa mesure ? Quel que soit ce livre, il se promet de le lire. Instant décisif :

> « J'ouvrais les yeux... ma main était posée sur un livre que je n'avais encore jamais lu. Je le saisis et en regardai le titre : *Histoire d'une âme*. »

A vrai dire, Van est déçu. Il porte en lui une image tellement typée de la sainteté, qu'il la projette instantanément sur Thérèse : elle a dû beaucoup jeûner, faire des miracles, avoir des tas d'extases, etc. Tout cela est à des années-lumières de sa vie à lui. Dans le fond, cette sainte Thérèse de l'Enfant-Jésus doit être comme les autres. Elle ne l'intéressera pas... Mais n'avait-il pas promis de lire envers et contre tout ? Alors, il s'exécute :

> « A peine avais-je lu quelques pages, précise-t-il, que deux torrents de larmes coulèrent sur mes joues, inondant les pages. Ces larmes exprimaient la joie débordante de mon âme. Ce qui me bouleversa, ce fut le raisonnement de petite Thérèse : « Si Dieu ne s'abaissait que vers les fleurs les plus belles — symbole des saints docteurs — son amour ne serait pas assez absolu, car *le propre de l'Amour, c'est de s'abaisser* jusqu'à l'extrême limite ». Puis, elle ajoute : « De même que le soleil éclaire en même temps les cèdres et chaque petite fleur comme si elle était seule sur la terre, de même Notre Seigneur s'occupe aussi de chaque âme comme si elle n'avait pas de semblable... »

Avec émotion, Van se sent traversé par un souffle libérateur :

> « J'ai compris alors que *Dieu est Amour* et que l'Amour s'accommode de toutes les formes de l'amour. Je puis donc me sanctifier au moyen de toutes mes petites actions... Un sourire, une parole ou un regard pourvu que tout soit fait par amour. Quel bonheur ! Thérèse est *la réponse* à toutes mes questions sur la sainteté. Désormais, je ne crains plus de devenir un saint. J'ai enfin trouvé ma voie !... »

Ainsi donc, il n'existe pas que l'unique voie des « saints d'autrefois » pour devenir Amour. Il est plusieurs chemins qui mènent à la sainteté. A travers Thérèse, l'Esprit a fait jaillir du jamais vu. Avec elle commence *une nouvelle ère de sainteté* [2] où « confiance » et « miséricorde » nous replongent au cœur de l'Evangile. Van exulte... Il vient de faire la découverte de sa vie. Une paix indicible l'habite. Dehors, le soleil couchant laisse tomber encore quelques rayons. La sérénité domine partout...

« Thérèse, tu seras ma sœur! »

Le lendemain, Van se réveille avec un cœur tout neuf. Il s'aperçoit que son oreiller est tout humide. De fait, il n'a cessé de pleurer par excès de bonheur et se lève avec une étonnante impression de légèreté. Sans attendre, il se rend à l'autel de Marie. Sa prière coule de source :

> « Sainte Vierge, ma Mère, veuille me guider dans ma nouvelle voie. Apprends-moi à aimer Dieu *avec une immense confiance*. J'ose ainsi t'exprimer un désir : que je sois enveloppé de ton amour comme Thérèse l'a été autrefois. Qu'elle soit mon guide dans sa « petite

---

2. On pense ici à l'attente de *Simone Weil* : « Aujourd'hui, il faut une *sainteté nouvelle*, sans précédent. Un type nouveau de sainteté, c'est un jaillissement, une invention. La mise à nu d'une large portion de vérité et de beauté jusque là dissimulée par une couche épaisse de poussière. Il y faut plus de génie qu'il n'en a fallu à Archimède pour inventer la physique. Une sainteté nouvelle est une invention plus prodigieuse. Pour recevoir du génie, il suffit de le demander au Père. Demande à faire tous les jours comme un enfant demande du pain. Le monde a besoin de *saints qui aient du génie* comme une ville où il y a la peste a besoin de médecins. »

voie». Joie pour moi! Je sens que Dieu a imprimé en moi *l'attitude d'enfance* comme un don inné.»

On pressent encore ici combien la vie spirituelle de Van est *mariale*. Tout est reçu, vécu et offert à travers la présence radieuse de Marie. Celle-ci va l'exaucer. Thérèse deviendra effectivement son petit docteur en enfance spirituelle. Ainsi, à 14 ans, l'*Histoire d'une âme* ne le quitte plus. Trésor inestimable que ce livre. Il ne cesse de le lire et le relire. Tout lui parle. C'est comme si *son propre mystère intérieur* lui était dévoilé par Thérèse.

Autour de Van, on commence à se poser certaines questions. A la suite d'une histoire de raccommodage avec Mlle Tîn, ses amis Hiên et Tam ne lui épargnent aucunes «taquineries». La jeune tertiaire n'a-t-elle pas arrangé leur linge et pas celui de Van? Elle ne sera donc pas sa sœur spirituelle... Ecarté une fois de plus, l'enfant va puiser ailleurs sa force:

> «J'allai à l'église m'agenouiller au pied de la statue de sainte Thérèse et je lui dis de tout mon cœur: «Pour moi, c'est *Thérèse* qui sera ma sœur!»

Dès qu'il prononce ces paroles, un «courant de bonheur» le traverse et une force irrésistible l'attire au pied de la montagne. Sous le regard moqueur de ses camarades, il sort de l'église en lançant ce défi:

> «Vous pensez que je suis entièrement privé de sœur? Attendez, vous verrez que moi aussi j'aurai *une sœur spirituelle*... et tout à fait à la mode!»

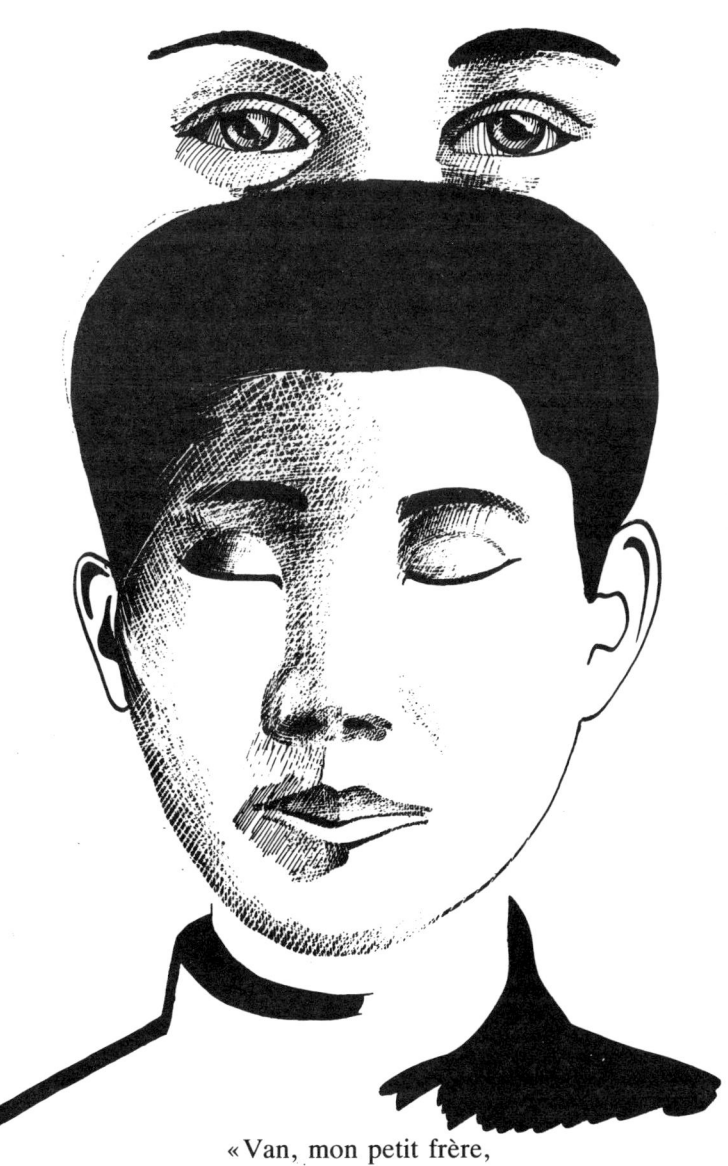

« Van, mon petit frère,
N'aie jamais peur de Dieu…
Il ne sait qu'aimer… » (Thérèse)

« *Van, mon cher petit frère!* »

Propulsé par la joie, Van se met à chanter et gambader comme un fou en direction de la colline. Arrivé au pied, il se laisse tomber sur une pierre et demeure là, immobile, les yeux fixés sur le soleil levant. Ses premiers rayons viennent effleurer la nature qui s'éveille. Van contemple cette beauté, mais une question revient sans cesse: «Pourquoi suis-je si joyeux comme quelqu'un qui aurait perdu la tête?» Soudain, dans le silence, il sursaute! Une voix l'appelle: «Van, Van, mon cher petit frère!»

> «Je regardais autour pour voir qui m'appelait... La voix semblait venir de ma droite. Intrigué, je riais intérieurement, convaincu qu'il y avait quelqu'un, et je me disais: c'est drôle! Quelle tertiaire peut m'appeler son petit frère? Car j'avais reconnu une voix de femme...»

Mais la mystérieuse voix insiste:

> «Encore sous le coup de la stupéfaction, j'entendis de nouveau la même voix qui m'appelait, douce comme la brise qui passe: «Van, mon cher petit frère!» Etonné, presque troublé, je gardais mon calme, devinant que cette voix était spirituelle. Aussi, je poussais un cri de joie:
> — Oh!, c'est ma sœur Thérèse!...»

La réponse ne se fit pas attendre:

> « — Oui, c'est bien ta sœur Thérèse. Je suis ici pour répondre à tes paroles qui ont eu *un écho* jusque dans mon cœur. Petit frère! Tu seras désormais personnellement mon petit frère, tout comme tu m'as choisie pour

être spécialement ta grande sœur. A partir de ce jour, nos deux âmes ne formeront plus qu'une seule âme, dans le seul amour de Dieu. Je te communiquerai toutes mes pensées sur l'Amour, qui sont passées dans ma vie et m'ont transformée en l'Amour infini de Dieu. Sais-tu pourquoi nous nous rencontrons aujourd'hui? C'est Dieu lui-même qui a ménagé *cette rencontre*. Il veut que *les leçons d'amour* qu'Il m'a enseignées autrefois dans le secret du cœur se perpétuent en ce monde. C'est pourquoi Il a daigné te choisir comme *petit secrétaire* pour réaliser son œuvre. Cette rencontre est voulue pour te faire connaître ta belle mission. Van, mon petit frère, tu es vraiment pour moi *une âme* selon mon cœur, tout comme je suis une sainte selon ton cœur. Dieu m'a donné de te connaître depuis très longtemps. Avant même que tu existes, ta vie est apparue dans le regard mystérieux de Dieu, et moi, je t'ai vu *dans la lumière* de ce regard [3]... Et voici que Dieu m'a confié le soin de veiller sur toi comme l'ange gardien de ta vie. Ainsi, j'étais toujours avec toi, te suivant pas à pas, comme une mère tout près de son enfant. Grande était ma joie quand je voyais dans ton âme une parfaite ressemblance avec la mienne!... Dans sa sagesse, l'Amour divin l'a voulu ainsi...»

«Dieu est Père»

Un jour, Jésus dira à Van: «Au ciel, je te donnerai pour mission d'aider ta grande sœur Thérèse à inspirer au monde *la confiance* en mon amour». Toute la vie

---

3. «Ne jamais éloigner mon âme du *regard de Jésus*» (Thérèse à 5 ans).

de Van est centrée sur cette réalité: une confiance croissante en l'amour infini de Dieu. Aussi, après l'avoir rassuré sur des tas de questions, Thérèse l'invite à ne rien regretter du passé, en recevant tout de la main de Dieu:

> «Qui sait, conclut-elle, si tu m'avais connue une heure plus tôt, peut-être n'aurais-tu pas vécu hier l'immense grâce qui t'a inondé de bonheur? C'est là un mystère et nous ne pouvons que *croire en la miséricorde* de Dieu [4] Notre Père qui, dans sa sagesse, veille sur *les moindres détails* de nos vies.»

Ces paroles sont comme un prélude. Thérèse va commencer ici un véritable enseignement sur le Dieu-Père. Il n'est qu'Amour et la confiance en lui doit peu à peu extirper en nous la peur... jusqu'en ses racines originelles:

> «Petit frère, écoute: Dieu est Père et ce Père est Amour. Il est d'une bonté et d'une bienveillance infinies. Seul l'infini peut donner *le sens réel* du nom de Père... Contemple la création de ce monde. Regarde autour de toi et en toi, tu peux reconnaître combien Dieu nous aime!
> Mais depuis le jour où nos premiers parents ont péché... *la crainte* a envahi le cœur de l'homme et lui a enlevé la pensée d'un Dieu Père infiniment bon. Et pourtant, Dieu continuait à être un Père envers l'humanité ingrate... Alors, Dieu a envoyé son Fils qui s'est

---

4. «Nous avons reconnu l'Amour que Dieu a pour nous et nous y avons cru» (I Jn 4, 16).

abaissé en se faisant homme. Jésus est venu dire à ses frères les hommes que l'amour du Père est une source inépuisable [5]. Et de sa propre bouche, il nous a enseigné à lui dire: Notre Père...»

« N'aie jamais peur de Dieu. Il ne sait qu'aimer... »

Thérèse touche là une des réalités les plus profondes du cœur humain: *la peur de Dieu*. Consciente ou inconsciente, elle habite nos cœurs et immobilise souvent l'amour [6]. « Elle est née avec *la brisure* du péché originel où directement, l'homme est passé d'un Dieu-Père entre les mains duquel on joue comme un enfant, à un Dieu-juge dont on fuit la face... et le drame de la faute n'est peut-être pas tant le fait d'avoir essayé de devenir dieu soi-même à la place de Dieu. L'homme se rendrait compte qu'on n'y arrive pas... Mais c'est qu'à la racine de cela, il y a une méconnaissance de ce qu'est le Père et ensuite une volonté de se leurrer et de s'imaginer le Père comme un despote jaloux, pour justifier sa rébellion désespérée. C'est *cette caricature de l'image de Dieu* qui va être le plus dur à extirper de l'homme... [7] ».

Le seul remède, c'est l'enfance. Pour redécouvrir le

---

5. « Qui boira de l'eau que je lui donnerai n'aura plus jamais soif: l'eau que je lui donnerai deviendra en lui source d'eau jaillissant en vie éternelle » (Jn 4, 14).
6. « Il n'y a pas de crainte dans l'amour; au contraire, le parfait amour bannit la crainte, car la crainte implique un châtiment, et celui qui craint n'est point parvenu à la plénitude de l'Amour. » (I Jn 4, 18).
7. D. Barthélémy, Dieu et son image, p. 49-52.

Cœur réel du Père et nous laisser réapprivoiser, nous avons reçu *le pouvoir* de devenir enfant de Dieu [8]. C'est-à-dire d'éliminer peu à peu la peur qui nous tenait loin de Dieu. Cette *distance mortelle*, Dieu ne l'a pas supportée et Il l'a vaincue... A travers son Fils, il a tellement regardé l'homme avec amour qu'il a fini par devenir homme. En Marie, Dieu s'est fait petit enfant, et dans cet enfant l'homme a redécouvert *le vrai Visage de Dieu* : « Qui m'a vu, a vu le Père » (Jn 14,9) dit Jésus.

Thérèse laisse aller maintenant son cœur sur ce thème qui lui est cher :

> « Etre les enfants de Dieu, c'est là pour nous *un immense bonheur*. Soyons en fiers et ne cédons *jamais* à une crainte excessive.
>
> Petit frère chéri ! Dieu est notre Père bien-aimé ! Je voudrais te rappeler sans cesse ce nom si doux. Désormais, je veux que tu gardes *le souvenir habituel du nom d'« Amour »* et que jamais tu ne prennes un air soucieux ou une attitude craintive en présence de l'Amour infini du Père. Oui, souviens-toi toujours que Dieu est Père et qu'Il t'a souvent comblé au-delà de tes désirs... [9]. *N'aie jamais peur* de Dieu. Il ne sait qu'aimer et désirer être aimé... »

« *Aimer, c'est tout donner...* »

Thérèse continue ses enseignements aussi simples et profonds qu'un regard d'enfant. Elle veut vraiment im-

---

8. Jn 1, 12. Lors de la catéchèse, à la question : « Qu'auriez-vous fait à la place de Judas ? » un enfant répondit : « Je me serais pendu... au cou de Jésus ! »

9. « O mon Dieu, vous avez *dépassé mon attente*, et moi je veux chanter vos miséricordes » (*Histoire d'une âme*, Manuscrit C).

primer dans le cœur de Van *le principe secret et puissant* qui a guidé toute sa vie : « aimer, c'est tout donner et se donner soi-même ». On ne peut se donner soi-même qu'en offrant tout le vécu de chaque instant. L'amour commence au présent :

> « Dieu a soif de nos pauvres petits cœurs sortis de ses mains créatrices, et où il a déposé *une étincelle d'amour* provenant du foyer même de son Amour. Son seul désir est de recueillir ces étincelles d'amour et de les unir à son Amour infini, afin que notre amour demeure à jamais dans le sien. Ainsi, *la force d'attraction* de l'amour nous attirera dans l'éternelle patrie de l'Amour...
>
> Alors, offre à Dieu tout ton petit cœur. Sois sincère avec lui en toutes circonstances et en toutes tes attitudes. Dans la joie comme dans la peine, *offre-lui tout*. Peut-il y avoir un bonheur comparable à celui de s'aimer l'un l'autre, et de se communiquer tout ce que l'on possède ? Agir ainsi avec Dieu, c'est lui dire un merci qui lui plaît davantage que des milliers de cantiques émouvants. »

Thérèse a écrit un jour : « Un instant, c'est un trésor ». Comme c'est vrai ! Tout peut prendre une valeur inouïe si la foi sait offrir. Encore faut-il avoir au cœur la liberté royale des enfants. Van est encore trop hésitant :

> « Maintenant, petit frère, aie la patience de m'écouter... Je sais que tu redoutes encore une chose, voici : ne crains pas de te montrer familier avec le Bon Dieu comme avec un ami [10]. Tu l'appelles Père, alors

---

10. « L'amitié divine n'est pas une spécialité réservée aux professionnels de la vie contemplative. Elle est la vocation de *tout chrétien* quel qu'il soit. Tout chrétien est appelé à chercher ce trésor : ... rechercher dès cette vie le souvenir continuel de l'Ami divin ». Joseph Baudry, *le souvenir continuel de l'Ami chez Ste Thérèse d'Avila*. Revue Carmel, 1980-1, p. 71-76.

il faut te montrer son enfant. C'est là ce qui convient à l'amour. Raconte-lui *tout ce que tu veux* : tes jeux de billes, l'ascension d'une montagne, les taquineries de tes camarades, tes colères, tes larmes ou les petits plaisirs d'un instant. Dieu t'aime tant... Il écoute chacun de tes *petits mots d'amour* [11]. Il accueille chacun de tes sourires, chacun de tes regards... Sois sans crainte et désormais, petit frère, ne sois pas avare de tes histoires avec le Bon Dieu, n'est-ce pas ? » [12]

Thérèse riait...

« Le propre de l'Amour est de s'abaisser »

Une objection classique va pourtant surgir dans le cœur de Van. Thérèse écoute :

« — Mais, petite sœur, Dieu connaît déjà toutes ces choses ; qu'est-il encore besoin de les lui raconter ?
— C'est vrai petit frère. Dieu connaît tout parfaitement. Dans l'éternité, tout est présent à ses yeux... Cependant, pour « donner » l'amour et « recevoir » l'amour, il doit s'abaisser au niveau d'un homme comme toi ; et il le fait comme s'il oubliait qu'il est Dieu et qu'il connaît toute chose, *dans l'espoir* d'enten-

---

[11]. « Parce que Dieu peut être aimé et non point pensé, *l'amour peut l'atteindre* et le retenir, la pensée jamais !... Ce qui revient à dire au fond qu'il y a en nous une certaine possibilité... *d'agir sur Dieu*, et d'approcher Dieu, d'étreindre Dieu : *la possibilité d'aimer*. Car en aimant, on peut obtenir ce que l'on ne peut obtenir par d'autres moyens. On peut... trouver Dieu. Et c'est là au fond *le résumé* de toute l'histoire, de notre histoire. » Carlo Carretto, *Au delà des choses*, Mediaspaul 1989, p. 99-100.

[12]. « Quand on aime, on éprouve le besoin de dire mille folies » (*Histoire d'une âme*, Manuscrit A).

dre une parole intime jaillir de ton cœur. Dieu agit ainsi parce qu'il t'aime... »

Toujours simple et concrète, Thérèse va se servir ici d'un exemple pour imager le mystère de la miséricorde :

> « Lorsqu'un papa veut donner un baiser à son petit enfant, il ne peut rester planté là tout droit et exiger paresseusement que le petit se hisse jusqu'à ses lèvres... Pourrait-on appeler ceci un baiser affectueux ? Evidemment non ! Pour donner un baiser à son petit, le papa doit *s'incliner profondément* jusqu'à la portée de son visage, ou encore le prendre dans ses bras ; dans les deux cas, il doit s'abaisser... »

Pour saisir toute la portée de cette dernière phrase, il faut se souvenir de ce que Thérèse écrit dans l'*Histoire d'une âme* : « Il a mis devant mes yeux *le livre de la nature* et j'ai compris que toutes les fleurs qu'il a créées sont belles, que l'éclat de la rose et la blancheur du lys n'enlèvent pas le parfum de la petite violette ou la simplicité ravissante de la pâquerette... Ainsi en est-il dans le monde des âmes qui est *le jardin de Jésus*. Il a voulu créer les grands saints... Mais Il en a créé aussi de plus petits... En effet, *le propre de l'amour* étant de s'abaisser, si toutes les âmes ressemblaient à celles des Saints Docteurs... il semble que le Bon Dieu ne descendrait pas assez bas en venant jusqu'à leur cœur ; mais il a créé l'enfant qui ne sait rien... Il a créé le pauvre sauvage n'ayant pour se conduire que la loi naturelle et c'est jusqu'à leurs cœurs qu'Il daigne s'abaisser, ce sont là ses fleurs des champs dont la simplicité le ravit... En descendant ainsi, le Bon Dieu montre sa grandeur infinie.» [13].

Ayant vécu ses propres paroles, la petite carmélite a tant exploré la béatitude de la pauvreté qu'elle écrira:

«Ne crains pas, plus tu seras pauvre, plus Jésus t'aimera. Il ira loin, bien loin pour te chercher...» [14].

Et encore:

«L'ascenseur qui doit m'élever jusqu'au ciel, ce sont vos bras, O Jésus! Pour cela je n'ai pas besoin de grandir, au contraire il faut que je reste petite, que je le devienne de plus en plus» [15].

«La confiance et rien que la confiance»

Revenons à notre Van. Cela a-t-il fait tilt dans son cœur? Thérèse, elle, continue sur sa lancée. Après avoir démontré combien Dieu est «penché» sur son enfant, elle revient avec insistance sur *l'attitude impérative* que doit avoir l'enfant:

> «As-tu compris, petit frère? Dieu est notre Père très aimant. Son dessein étant de nous manifester son amour et d'accueillir l'amour que nous lui offrons, il a voulu s'abaisser lui-même jusqu'à nous... La seule difficulté devant laquelle Dieu semble être impuissant, c'est notre manque d'amour et de confiance en lui. Il se voit rejeté de manière injuste, et pourtant, lui, ne nous rejette jamais.»

---

13. *Histoire d'une âme*, Manuscrit A.
14. Lettre 211.
15. *Histoire d'une âme*, Manuscrit C.

Thérèse dévoile maintenant à Van ce qui blesse Dieu plus que nos péchés [16] : cette *distance mortelle* que nous mettons entre lui et nous, et qui l'empêche de déverser en nos cœurs « les flots de tendresse infinie qui sont renfermés en lui » [17]. Dans le fond, rien n'est pire que de *comprimer* le cœur de Dieu. On « ensable » la source de l'Amour, alors que la confiance la « libère ». Aussi, Thérèse réaffirme à Van :

> « Petit frère, pour consoler le Bon Dieu, suis mon conseil : sois toujours prêt à lui offrir ton cœur... Ce sera pour lui *un nouveau paradis* où toute la Trinité trouvera ses délices... Fais l'œuvre qui mène à l'unité, en lui offrant tout avec confiance... Tiens toujours *ton cœur grand ouvert* devant lui. Petit frère, essaie, pour voir... »

Tout est donc suspendu au mystère de la confiance. Petit, misérable, sale, pauvre... en un mot : pécheur. Rien ne peut me séparer du Dieu-Amour toujours penché sur moi. Seul le masque de confiance le tient à distance. L'œuvre qui mène à l'unité dont parle Thérèse, c'est bien *le combat de la confiance* : elle seule, en effet, est plus profonde que mes enfers. Elle seule emporte et soulève tout dans une irrésistible poussée parce qu'elle demeure en moi cette *puissance de l'Esprit Filial* qui a opéré la Réssurection du Christ. Elle seule rend pauvre et crée en moi un immense espace intérieur où

---

16. « Ce qui offense Jésus, ce qui le blesse au cœur, c'est *le manque de confiance !* » (Lettre 92).
17. Acte d'offrande à l'Amour miséricordieux.

Dieu peut aimer. Elle peut tout vaincre si nous la laissons grandir [18]. La foi que demande Jésus est bien ce mouvement de confiance qui ne s'appuie plus que sur lui. Aussi, Thérèse a tout dit lorsqu'elle livre un jour *son secret de sainteté* :

> «Oui, je le sais, quand même j'aurais sur la conscience tous les péchés qui se peuvent commettre, j'irai, le cœur brisé de repentir, me jeter *dans les bras de Jésus*, car je sais combien il chérit l'enfant prodigue qui revient à Lui... C'est la confiance et *rien que la confiance* qui doit nous conduire à l'Amour» [19].

«Je te donne un baiser!»

Le long enseignement sur la miséricorde est terminé. Thérèse va prendre congé de Van. Elle reviendra. Mais pour l'heure, elle donne les dernières consignes :

> «Petit frère, je t'aime !... Tu fais partie de *ma brigade d'amour* et mon seul désir est de te voir accomplir les Oeuvres de l'Amour. Désormais, dans tes relations avec le Père du Ciel, ne manque pas de suivre mes conseils. Tu es mon cher petit frère et je serai toujours avec toi...
> Aujourd'hui l'heure est passée. Tu dois retourner pour le dîner. Hiên et Tam te cherchent et ils commencent à s'impatienter... Garde le secret sur tout cela.

---

18. Telle est la victoire qui a triomphé du monde : «Notre Foi» (I Jn 5, 4).
19. Fin du Manuscrit C et lettre 197.

Je te défends d'en parler. Sois discret, tu entends? Je te donne un baiser... A plus tard...»

Ce premier entretien avec Thérèse avait duré des heures et Van en ressort tout drôle:

«J'étais comme quelqu'un qui sort d'un rêve, moitié inquiet, moitié heureux. Et quand Thérèse me dit: «Je te donne un baiser», je sentis aussitôt comme *une brise légère* qui m'effleura le visage, et je fus envahi d'une telle joie que je perdis un instant connaissance. De cette joie radieuse, il me reste *un je ne sais quoi*, aujourd'hui encore...»

Quand Thérèse le quitte, Van semble avoir reçu comme *une effusion de son esprit d'enfance*... Revenant à lui, il entend soudain la voix de ses petits camarades. Il quitte à toutes jambes son rocher en direction de la maison. Dès qu'il arrive, Tam et Hiên l'accablent de questions et de moqueries. Van reste calme, mais Hiên insiste:

« — Van, que faisais-tu à la montagne pour être si joyeux?
— Ah! Hiên!... C'est un grand secret... Sache simplement que j'ai moi aussi une sœur spirituelle, et elle est de loin *plus chic* que la vôtre!...»

Les deux amis le pressent d'en dire plus, mais c'est peine perdue... Durant le repas, Van se tait et semble «ailleurs». Encore tout ému de sa rencontre, il repasse en son cœur les paroles de Thérèse... Parfois, il a envie de crier: «Thérèse m'aime!... Thérèse m'aime!... Elle a une voix très douce et parle très bien le vietnamien!...»

Lors d'une rencontre, la nuit suivante, Van est inquiet :

> « — Petite sœur, et si par mégarde quelqu'un t'entend parler, qu'adviendra-t-il ?
> — Petit frère, entendre ma voix est un privilège réservé à toi seul.
> — Et si le démon imitait ta voix pour me tromper ?
> — Souviens-toi que le Père qui est Amour, ne permettra jamais que ses enfants chéris soient trompés par l'Ennemi... Le démon peut imiter le ton de ma voix, mais il ne t'exhortera jamais à aimer Jésus comme je le fais...»

Van est rassuré. Ainsi, va débuter *une intimité quasi-quotidienne* avec Thérèse. Durant des années, la Sainte va lui enseigner sa petite voie. C'est tout simple : « Van, il est l'heure ! Va au lit... Prie pour les enfants, les prêtres et les pécheurs... Cesse de te tracasser ! Abandonne-toi entre les mains de Dieu... Bon appétit ! C'est l'heure du repas... Ne jette pas si vite tes chaussettes trouées ! Elles peuvent encore servir...»

Et puis, à la fin de chaque rencontre, l'habituel : «Petit frère, je te donne un baiser !... Au revoir !...»

Prier pour la France ou tuer les Français ?

Dans la formation spirituelle de son petit frère, Thérèse se met un jour à insister sur la prière d'intercession. Elle commence par l'inviter à prier pour le Pape. Van s'étonne :

> « — Comment ? Le Saint Père a donc lui aussi besoin de nos prières ?

— Pourquoi pas ? Il souffre beaucoup, petit frère... Que de souffrances endure aujourd'hui la Sainte Eglise ! On peut les comparer à l'agonie que Jésus Sauveur a endurée autrefois sur la croix... et *les souffrances de l'Eglise* torturent cruellement le cœur de notre père commun. Mais vu qu'il reste un homme comme toi, il a besoin d'une force surnaturelle pour tenir... Aussi, en union avec le Saint Père, offre chaque jour à Jésus Rédempteur toutes les souffrances de la Sainte Eglise... »

Une autre fois, Thérèse demande à Van de prier pour la France et le Vietnam. Sa réaction est violente et inattendue :

« Prier pour le Vietnam, passe, mais prier pour *ces diables de Français* colonialistes, jamais ! Pardon, ma sœur, si je t'offense... Je fais seulement une exception pour les Pères et les Sœurs missionnaires, car je les considère et les vénère comme les Pères et Mères de la foi du peuple vietnamien. Quant aux autres Français colonialistes, qu'on les précipite en enfer pour leur montrer qui nous sommes... J'ai trop vu leur crauté et leur mépris envers ma race... »

Indigné jusqu'aux larmes, Van laisse monter en lui une colère trop longtemps contenue. Dans sa fureur patriotique, il ajoute :

« Thérèse, ma sœur bien-aimée... Je suis de *race vietnamienne* et à partir du jour où j'ai pris conscience de l'influence néfaste et des injustices des colonialistes français [20], je n'ai jamais eu l'idée de prier pour cette

---

20. On ne peut réduire *l'attitude globale* de la présence française au seul regard de Van. Il s'attaque ici avant tout au colonialisme dur et mercantile... car à partir de 12 ans, il a été témoin de trop de cruautés et d'injustices. Cela l'a rendu proche des milieux révolutionnaires et, également, des militaires japonais comme on a pu le remarquer...

bande infernale de cupides et d'arrogants!... Et même si je n'avais qu'un seul revolver, je lèverais l'étendard de la révolte et me battrais contre eux!... Tuer un seul Français suffirait à mon bonheur!...»

Thérèse gardait le silence. Elle encaissait tout «avec patience». Devant la douceur de la petite Française, Van est soudain bouleversé... et une fois la tempête apaisée par son regard d'enfant, elle lui dit paisiblement:

«— Un revolver, qu'est-ce que ça vaut? J'ai *une autre tactique* capable de tuer des milliers de Français sans révolte, sans soldats et sans munitions.

Van se mit à rire et lui dit:

— Ma sœur, dis-moi quelle est cette tactique et protège-moi.

— Petit frère, me promets-tu d'utiliser cette tactique-là?

— Oui, je te le promets.

— Petit frère, il s'agit de la *« Tactique de la prière »*.; Moi non plus, je n'approuve pas du tout les Français qui se comportent mal avec le peuple vietnamien.

Je sais qu'ils mériteraient la mort quand ils sont les ennemis du peuple; mais à quoi servirait-il d'accumuler un monceau de cadavres si la cupidité, la corruption et toutes les autres formes d'égoïsme continuaient d'habiter le cœur des survivants? Par conséquent, c'est la tactique de la prière qui peut *tuer* le plus grand nombre de Français. Et pour en arriver là, il suffit de faire souvent une courte prière du genre:

«O Jésus, viens chasser du cœur des Français l'homme pécheur! Je t'en supplie, viens au secours du Vietnam!...»

Petit frère, sache bien ceci: une fois que l'homme pécheur (le Français colonialiste) aura été expulsé du

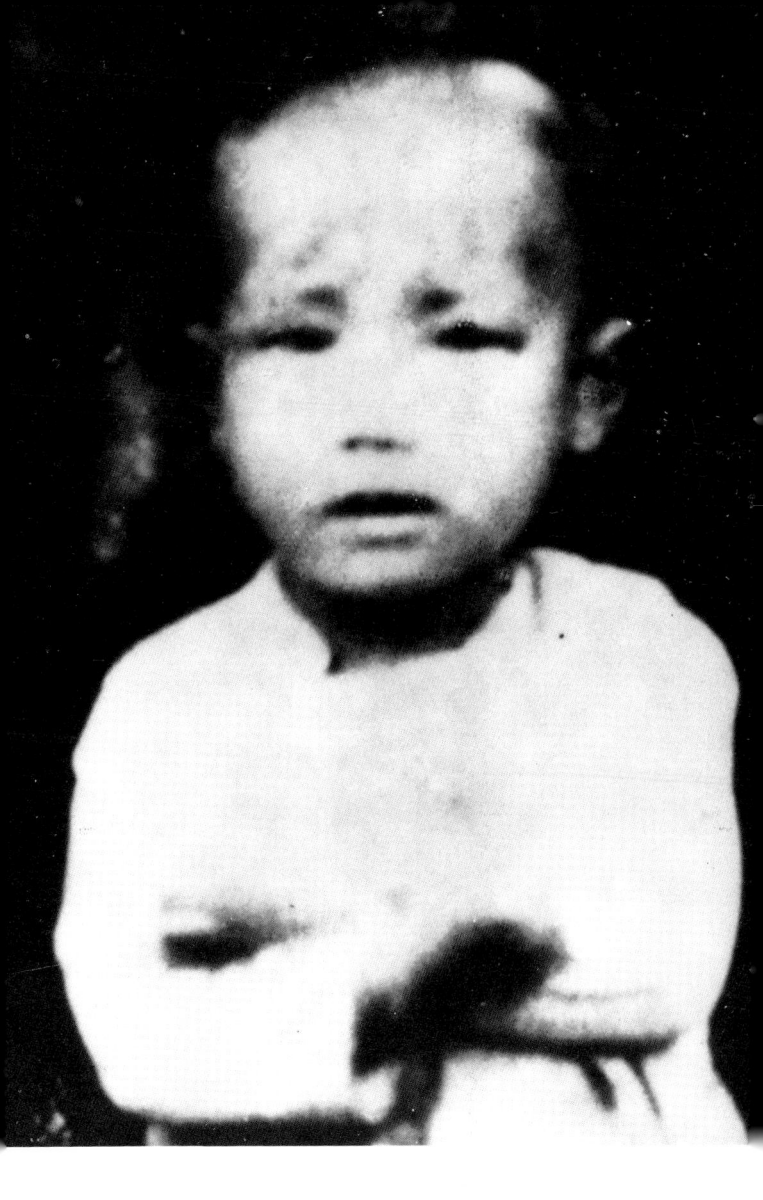

Van à 1 an

La mère de Van

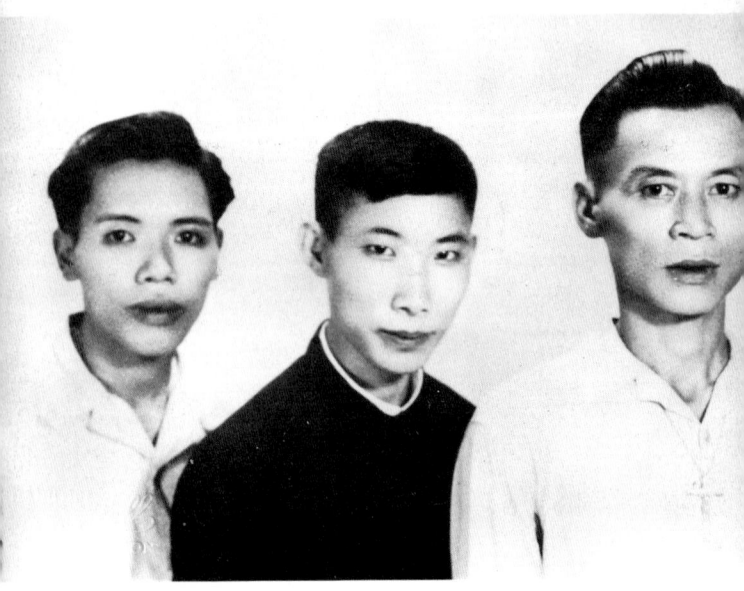

Van (au centre)
avec son beau-frère (à sa droite)
et Vincent Nhât, son frère adoptif (à sa gauche).

La famille de Van (photo prise après le départ d'Anne-Marie Têt pour le Canada) : le père, la mère, la grande sœur Lê, ses deux enfants, son mari (à gauche), Van, son jeune frère et son cousin dominicain.

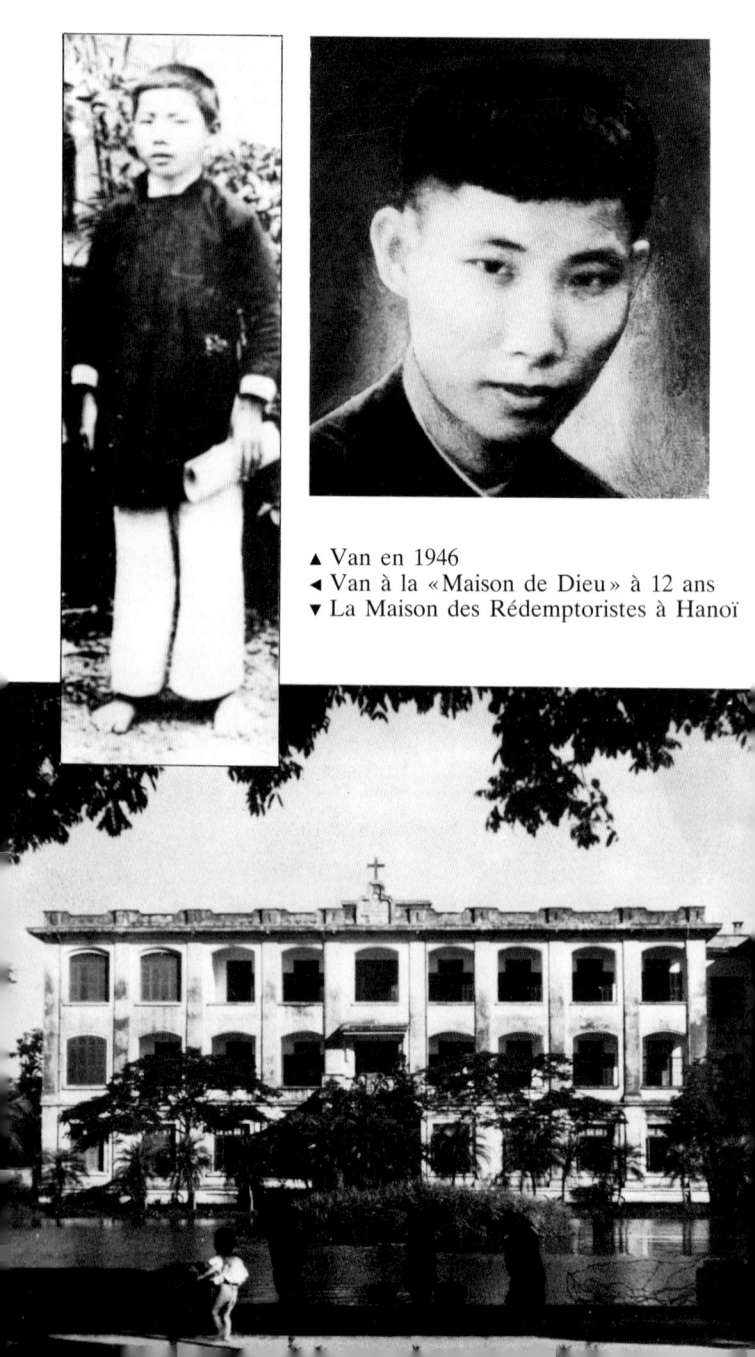

▲ Van en 1946
◄ Van à la «Maison de Dieu» à 12 ans
▼ La Maison des Rédemptoristes à Hanoï

Chapelle publique des Rédemptoristes à Hanoï

Chapelle du noviciat à Hanoï

Van « regarde Celui que son cœur aime » (1946)

Van et sa sœur Anne-Marie Tê à Hanoï en 1948

Maison des Rédemptoristes à Saïgon

Le sourire du Frère Marcel (Saïgon 1950) « C'est là, à mon avis, dit son père spirituel, la photo *la plus émouvante* que je garde de lui. Son sourire profond cache discrètement les peines intérieures, la tristesse et le dégoût qu'il offre à Dieu avec un cœur brûlant d'amour ».

Anne-Marie Tê, moniale rédemptoristine à Laval (Canada)

1951, avec ses frères à Saïgon
(Van est en bas, tout à droite)

C'est ainsi qu'était vêtu Van
lors de son arrestation à Hanoï (en mai 1955)

cœur des Français par la grâce divine, ils ne seront plus remplis de ruse comme maintenant, mais ils aimeront le peuple vietnamien comme eux-mêmes... Pour atteindre ce but, petit frère, il faudra beaucoup de prières et de sacrifices. »

France-Vietnam : deux pays signes

Après cet entretien, Van devient plus docile au plan guerrier de Thérèse. Mais devant son sens patriotique aigu, elle devait quand-même présenter les choses d'une certaine manièe :

> « Petit frère, venge-toi des Français selon l'esprit de Jésus Sauveur !... Laisse de côté tout ressentiment et offre tes prières à Dieu pour leur obtenir des grâces de pardon et de sainteté. »

Quelle école de pardon et de sainteté pour Van ! Celui qui voulait devenir un saint n'avait pas prévu ces chemins-là !

Un jour, Thérèse entrouvre quelque peu la porte de l'avenir sur la guerre à venir entre les Français et Vietnamiens... Elle conclut :

> « Aucune force ne parviendra à chasser les colonialistes français du sol vietnamien, si ce n'est la prière. Oui, la prière ! Prie donc, mon petit frère, prie beaucoup pour le peuple français. Plus tard, il ne sera plus *l'ennemi du Vietnam*, ta patrie. Grâce à la prière et aux sacrifices, il deviendra un ami intime et considèrera le Vietnam comme son petit frère le plus cher. Mais avant d'en arriver à cette relation amicale, le démon

suscitera de nombreux obstacles pour semer la division entre les deux pays. Car le jour où la France et le Vietnam seront *étroitement unis*, il subira de lourdes pertes dans sa marche en avant. »

Arrivé là, Thérèse lance un SOS:

« — Il est urgent qu'une âme s'offre dans l'ombre par la prière et le sacrifice. Alors, la rencontre amicale des deux pays se réalisera et l'élan des puissances infernales sera stoppé.
— Ah! ma sœur bien-aimée, si j'avais l'honneur d'être cette âme, je serais si heureux! Mais je ne sais si Dieu y consentira...
— Pourquoi donc, petit frère? C'est précisément là tout ce qu'il désire. Désormais, laisse de côté toute rancune à l'égard des Français; impose-toi de souffrir et de prier pour eux... Alors se réalisera *le désir de l'Amour*: l'union fraternelle de la France et du Vietnam. Prie pour que des deux côtés, il y ait compréhension et confiance mutuelle, de sorte que par des liens d'amitié les deux pays en arrivent à la paix. La paix est le signe de l'amour. Quand les deux pays jouiront de la paix, portant ensemble le joug de l'amour, alors le règne de Jésus, Roi d'Amour, se propagera rapidement... Et toi, petit frère, tu porteras le nom d'« apôtre de l'Amour » [21].

---

21. Tout en demeurant prudent en ce domaine, cela fait penser aux prophéties de style biblique comme dans Isaïe 19, 23-24: «Ce jour-là, il y aura un chemin allant d'Egypte à Assur... l'Egypte servira avec Assur. Ce jour-là, Israël viendra en troisième avec l'Egypte et Assur...»

Hiên, le premier frère spirituel

Comme Moïse redescendant du Sinaï, *le visage de Van* rayonnait de joie après chaque rencontre avec Thérèse :

> « J'ignore ce qu'il y avait sur mon visage, écrit-il, mais je sentais nettement au fon de mon cœur *une source intarissable* de joie. Aussi mes camarades voulaient percer mon secret, mais tous leurs efforts furent vains... Une fois seulement, par égard pour Hiên, je lui dis vaguement : « Le nom de ma sœur spirituelle commence par la lettre T. »

Après quelques temps, tout va se compliquer autour de Van. Une indiscrétion de Tam va répandre dans la maison un bruit regrettable : « Van a des apparitions de la Sainte Vierge dans la montagne ! ». Cela va entraîner des tas de confusions et de jalousies... Pourtant, l'enfant est formel :

> « La Sainte Vierge ne m'est jamais apparue, mais il m'a été donné d'entendre sa voix tout comme celle de ma sœur Thérèse. Souvent, elle ne me parlait pas directement mais recourait à ma sainte sœur pour m'avertir de faire telle ou telle chose.
> Par exemple, je l'entendis dire un jour à Thérèse : « Dis à ton petit frère Van de se donner la peine de réciter le chapelet *chaque jour* et de m'aimer de tout son cœur... »

Finalement, cette histoire d'apparition tomba dans l'oubli et l'on cessa d'espionner le dit « voyant ».
Par contre, un fait autrement important arrive : le petit Hiên change d'attitude et entraîne son ami au pied de la montagne :

« Son intention n'était plus de m'arracher par ruse le nom de ma sœur mystérieuse, nous confie Van. Il voulait simplement m'ouvrir son cœur... Il me dit : « Tu sais, le jour où tu es revenu du pied de la montagne, j'ai vu clairement sur ton visage le reflet d'une joie indicible qui nous a bouleversés Tam et moi... J'ai constaté aussi qu'à partir de ce jour *ton programme quotidien* était entièrement modifié : en dehors des heures d'études, tu semblais n'être plus de ce monde. Tout cela m'a fait beaucoup réfléchir... et je désire moi aussi, Van, changer de vie, en suivant le même programme que toi. Bien plus, je veux avoir le même guide que toi... »

La voix de Hiên était pleine de confiance et de sincérité. Touché, Van nous confie ses impressions :

« Après ces confidences, je n'hésitai pas à presser Hiên sur mon cœur et à lui répondre avec des paroles de Thérèse... (sans dire un mot sur les communications mystérieuses entre elle et moi). Il m'écoutait attentivement... et de temps en temps laissait tomber quelques larmes brûlantes sur mon épaule... »

Appuyé sur Van comme une « branche fragile », Hiên lui dit alors avec émotion :

« Van, tu es béni ! Jamais je n'aurais cru qu'il pouvait exister des relations si intimes entre le ciel et la terre. Oh ! Van... Je veux rompre avec Melle Tin et demander à sainte Thérèse d'être désormais ma sœur spirituelle. Je sens que je serai plus heureux et ce sera plus discret... Et puis, à partir d'aujourd'hui, je te choisis aussi comme *frère spirituel*, afin que tu sois mon guide... »

Comme deux fleurs sorties de la même tige, Van et Hiên vont cheminer ensemble dans la petite voie de Thérèse. Van en est le témoin émerveillé :

> « On peut dire que nous étions lancés sur une voie que beaucoup qualifient de téméraire puisque nous nous laissions guider par cette parole de Thérèse : « C'est la confiance et rien que la confiance qui mène à l'Amour. » Face à Dieu, c'était l'amour qui était *l'unique motif* de nos actes : et pourtant la plupart considéraient cette manière d'agir comme insolente. Jamais pourtant, je ne m'en suis troublé car cette voie d'enfance était douce et droite. Vu que Hiên ignorait les enseignements secrets que je recevais de Thérèse, il manifestait souvent sa surprise de m'entendre lui donner des directives comme l'aurait fait un saint ayant une longue expérience. »

Avec Hiên, sa « première fleur », commence pour Van la plus belle des missions : « Faire aimer l'Amour » [22]. Et l'Esprit l'éclaire en ce sens :

> « Dieu m'a encore donné la faveur de lire dans l'âme de Hiên... Connaissant ses désirs et ses souffrances, je lui donnais des conseils appropriés. Un jour, il m'avoua : « Van, je pense que si je n'avais pas rencontré dans ma vie quelqu'un comme toi *pour me comprendre*, je serais sans doute mort de tristesse. » Oui, vraiment, Hiên a été mon premier petit frère, la première fleur de la saison. Grâce à Thérèse, je l'ai trouvée... et j'ai pu la cueillir et l'offrir à Dieu... »

---

22. « Aimer, être aimé et faire aimer l'Amour ». Telle est *la remarquable définition* du chrétien selon Thérèse.

« L'apôtre caché de l'Amour »

Devenir prêtre! Ce désir a grandi avec Van. Et Dieu seul sait ce qu'il a souffert à Huu-Bang et ailleurs pour arriver au but. Il nous le confie avec passion:

> « Les gens disent de moi: « De toute façon, il deviendra un saint prêtre ». Et moi, j'étais depuis longtemps résolu de le devenir... Pour cela, j'ai tout sacrifié en m'imposant de nombreux efforts tant spirituels que corporels... Découvrant la grandeur du sacerdoce, je ne reculais devant rien pour me forger un caractère droit, souple et constant. Mon seul désir était de devenir un prêtre livré à l'Amour de Dieu!»

C'est peut-être un peu trop le projet de Van?... Par sa messagère, Dieu va parler. Un jour, Thérèse entraîne Van à faire une promenade. Après quelques paroles sur la beauté de l'herbe et des nuages, elle lui dit soudain:

> « — Van, mon petit frère, j'ai une chose importante à te dire... Mais cela va te rendre triste, très triste... »

Van s'en défend. Il ignore le message. Il aurait dû savoir que Thérèse va droit au but: « Je n'ai jamais cherché que la vérité » a-t-elle dit de son vivant. Elle n'y renoncera jamais. La vérité fait souvent mal sur le coup, mais elle est source de paix et d'amour par la suite. Thérèse le sait trop. Elle va tout de même prendre des précautions:

> « — Petit frère, me promets-tu de «ne pas t'attrister»? C'est à cette condition que j'oserai parler.
> — Ma sœur, je te le promets.

Dans ce cas, voici : Van, mon cher petit frère, Dieu m'a fait connaître que tu ne seras pas prêtre.

Je me suis mis à sangloter : « Pourquoi ? pourquoi ? Comment est-ce possible ? Non, non, je ne pourrai jamais vivre sans être prêtre ! Je veux offrir le Saint Sacrifice de la messe, prêcher, sauver les âmes, procurer la gloire de Dieu ! Oui ! Je dois être prêtre ! »

— Van, attends un peu avant de pleurer. Je n'ai pas tout dit, petit frère... Si Dieu veut que ton apostolat s'exerce dans une autre sphère, qu'en penses-tu ? Moi-même, autrefois, n'ai-je pas désiré devenir prêtre ? Mais Dieu ne l'a pas voulu.

— Pour moi, c'est différent : tu es une fille, tandis que moi, je suis un garçon !

Thérèse se mit à rire et reprit :

— C'est vrai, être un garçon est la première condition pour recevoir le sacerdoce... Mais ce qui demeure le plus parfait, c'est de faire la volonté de notre Père du Ciel [23].

— Mais pourquoi ne me choisit-il pas pour être prêtre ?

— Petit frère, sans être prêtre, tu as *une âme de prêtre*. Tes désirs de mission, tu les réaliseras tout autant. Dieu accueille toujours le désir d'un enfant qui veut, pour lui, réaliser de grandes choses.

Crois fermement que ton désir de sacerdoce a fait très plaisir à Dieu. Et s'il veut que tu ne sois pas prêtre, c'est pour commencer une vie cachée où tu seras avant tout *apôtre par la prière* et le sacrifice, comme je l'ai été autrefois. En réalité, Dieu n'a rien de cruel... Il te connaît mieux que toi-même et sait ce qu'il y a de meilleur... »

---

23. « La perfection consiste à *être ce qu'Il veut* que nous soyons » (*Histoire d'une âme*, Manuscrit A).

Ainsi, après avoir purifié le désir vocationnel de Van, Thérèse va maintenant lui révéler le grand rêve de Dieu sur sa vie. C'est vraiment l'annonciation à Van :

— Petit frère, réjouis-toi ! Sois heureux d'avoir été inscrit au nombre des *apôtres de l'Amour*. Ils sont *cachés* dans le Cœur de Dieu et deviennent la force vitale des apôtres missionnaires ! Oh ! Van ! peut-il y avoir un bonheur plus grand que celui-là ? [24] Tu pleures encore maintenant, mais une fois que tu auras compris ta vocation, tu en seras heureux.

— Oui, Thérèse, mais il y a une chose que je veux demander à Dieu : ne pourrais-je pas communiquer à une âme de son choix tout ce que je voulais réaliser dans ma vie sacerdotale, afin que, grâce à cette âme, mon désir d'êtr apôtre missionnaire devienne réalité ?

— Que je t'aime, petit frère ! Mais ne penses-tu pas que tous les prêtres peuvent te remplacer sans que tu lègues nécessairement tes projets à un seul ? Toutefois, pour se conformer à ton désir, Jésus verra à te choisir quelqu'un qui te remplacera comme tu le veux. Quant à toi, ta vocation sera d'être toujours « l'apôtre caché de l'Amour ».

---

24. Pour mesurer ces paroles de Thérèse, il faudrait relire l'admirable manuscrit B de l'*Histoire d'une âme*. En voici le passage-cœur : « Je compris que l'Amour seul faisait agir les membres de l'Église, que si l'Amour venait à s'éteindre, les Apôtres n'annonceraient plus l'Evangile, les martyrs refuseraient de verser leur sang... Je compris que l'Amour renfermait toutes les vocations, que l'Amour était tout, qu'il embrasait tous les temps et tous les lieux... En un mot, qu'Il est Eternel !... Alors, je me suis écriée : O Jésus, mon Amour... ma vocation, enfin je l'ai trouvée, ma vocation, c'est l'Amour ! Dans le cœur de l'Eglise, ma mère, je serai l'Amour... »

Devenir Carmélite

Tout est clair désormais: il ne sera pas prêtre, mais il sera quand même apôtre. Van demeure cependant intrigué par la dimension cachée de cet appel. Cela va donner lieu à un échange plein de fraîcheur et d'humour:

« — Thérèse, ma sœur, en quoi consistera cette vocation cachée, si je ne deviens pas prêtre?
— Tu entreras dans un couvent où tu te consacreras à Dieu.
— Ah! ma sœur, quel bonheur! Je vais demander d'entrer au Carmel, comme toi. Rien d'autre.
— Un garçon entrer au Carmel? dit Thérèse en riant.
— Tu viens de me dire que ma vocation serait une vocation cachée. Or, il n'y a qu'au Carmel qu'on mène une vie cachée...
— Petit frère, tu ne comprends pas encore... mais tu finiras par comprendre.
— Mais ma sœur, que veux-tu dire? Je peux sûrement devenir une carmélite... car selon tes propres paroles, Dieu est infiniment puissant et peut, s'il le veut, *me changer en fille.*
Après avoir ri un moment, Thérèse reprit:
— Très bien, petit frère. Ce soir, durant la visite au Saint Sacrement, fais part à Jésus de ton projet et demande-lui de te changer en fille. Oui, c'est intéressant, ne cache rien à Jésus... Tu entends?»

Van fit tout comme prévu. Il éprouva un certain malaise à adresser une telle prière à Jésus. Pourtant, juste avant de se coucher, il espérait toujours que le lendemain matin, il serait une fille. Mais au lever, il fallait bien constater ceci: « Van restait toujours Van, et ce Van demeurait un garçon. »

C'était raté. Les portes du Carmel lui restaient fermées et il n'y avait même pas de Carmes au Vietnam ! Thérèse revient :

> « — Petit frère, as-tu fait la demande à Jésus ?
> — Oui, lui dis-je en pouffant de rire, mais Jésus ne m'a pas exaucé.
> — Van, tu es par trop candide... Je t'aime, petit frère ! Il est vrai que Dieu pourrait en un instant te changer de garçon en fille. Mais Dieu ne fait pas de tels miracles : il est trop sage pour faire ce genre de chose...
> — Petite sœur, jamais plus je ne demanderai à Jésus une faveur aussi ridicule... Mais sache aussi que je ne suis pas content après toi : tu savais que ma démarche n'aboutirait pas et tu n'as rien dit !...
> — Oui, petit frère, je le savais, je savais aussi que tu ravirais le Cœur de Jésus par ta demande candide car sache ceci : Dieu aime qu'on lui dise *tout* avec sincérité... »

QUATRIEME PARTIE

UN AMOUR SANS LIMITE

(1942-1954)

> « *Nous sommes tous*
> *Des oiseaux de passage* »
> *Bx Théophane Vénard*

> « *Et je redouble de tendresse*
> *Lorsqu'Il se dérobe à ma foi* »
> *Thérèse de Lisieux*

Où Van va-t-il consacrer sa vie au Seigneur ? C'est la grande question qui habite son cœur en cet hiver 42-43. Thérèse est formelle : il doit se tourner uniquement vers Marie :

> « Petit frère, ne crains pas ! demande à la Sainte Vierge et elle te répondra... Prends patience et prie beaucoup, n'est-ce pas ? »

Un rêve : « mon enfant, veux-tu ? »

Van suit à la lettre le conseil de Thérèse. Chaque jour, on le voit souvent agenouillé devant l'autel de Marie. Apparemment, pas de réponse... En même temps, il se renseigne et découvre tour à tour les Dominicains, les Cisterciens. Ces derniers l'effraient d'ailleurs car il craint « d'aller pieds nus et de devoir se raser la tête ou de ne manger que du riz avec de l'eau ». Troublé, il ne sait plus...

Quinze jours s'écoulent et voici qu'une nuit d'hiver plus rude que d'habitude, Van fait *un rêve mystérieux*:

> «Durant ces nuits sans sommeil, je veillais avec la Sainte Vierge en disant le chapelet... Cette nuit-là, après avoir médité les mystères joyeux et commencé les mystères douloureux, je m'endormis soudain et c'est alors que se produisit l'heureux songe que voici: j'aperçus quelqu'un qui s'avançait vers la tête de mon lit... Ce personnage habillé tout de noir était assez grand et son visage reflétait une grande bonté...»

Van remarque aussi une calotte noire sur la tête et un ample manteau, ainsi qu'un immense chapelet dans la main gauche... Qui est-ce? Van panique un peu et croit voir Notre-Dame des Sept Douleurs: «Oh Sainte Vierge, comme vous êtes belle!» Pourtant, il doute: Marie porte un voile et non une calotte! Soudain, le personnage s'approche:

> «Sans rien dire, il se contentait de sourire et de me caresser avec affection. Ensuite, je vis son visage s'illuminer davantage et tout son corps rayonner d'une beauté radieuse... Les mots sont faibles pour décrire *cette splendeur*. Puis, il me posa la question: «Mon enfant, veux-tu?» Spontanément, je répondis: «O Mère, je le veux!». A peine ma réponse donnée, le personnage mystérieux me salua de la tête et se retira lentement à reculons vers la salle d'étude, me fixant toujours de son regard et me souriant avec bonté...»

Quelques jours plus tard, il découvre dans la maison une statue qui ressemble étrangement au personnage de son rêve. Il s'agit de saint Alphonse Marie de Liguori, fondateur de la congrégation du Saint Rédempteur (1696-1787).

Van sera Rédemptoriste

Pour écarter enfin tout nuage, Thérèse vient confirmer son petit frère:

> «C'est la Sainte Vierge elle-même qui a envoyé vers toi saint Alphonse... Et en te disant «Veux-tu?» cette nuit-là, il te demandait si tu voulais entrer dans sa congrégation du Saint Rédempteur...»
>
> Et tout en riant, Thérèse ajouta avec humour:
>
> «Et quand tu as répondu: «O Mère, je le veux», il se fait que ta «Vierge Douloureuse» a accueilli le désir de ton cœur...»

Quelques jours après, Van fait le ménage dans la maison et tombe sur une pile de revues *Notre-Dame du Perpétuel Secours* publiées par les Pères rédemptoristes. Il constate combien cette congrégation est mariale et désire plus que jamais y entrer. Il en parle à Thérèse qui s'en réjouit:

> «Très bien petit frère, c'est là que la Sainte Vierge veut te conduire...»

Puis, la petite carmélite devient plus grave et annonce à Van de nouvelles épreuves:

> «Petit frère chéri, tu rencontreras des épines sur la route, et le ciel maintenant serein, se couvrira de sombres nuages. Je t'avertis pour que tu sois prêt à *accepter l'épreuve* à venir avant ton entrée en religion... Tu verseras des larmes, tu perdras la joie et tu seras comme un homme réduit au désespoir. Oui, ici même, à Quang-Uyên, tu seras délaissé, pris pour un fou... On te chassera et tu seras couvert de honte. Mais

souviens-toi que le monde a ainsi traité Jésus et qu'un Rédemptoriste ressemble à son Sauveur... Cependant, Van, n'aie pas peur. Pendant cette tempête, Jésus continuera *à vivre* dans la barque de ton âme...»

Enfin, Thérèse révèle à Van une chose encore plus difficile à entendre :

«Petit frère, tu ne m'entendras plus causer aussi familièrement avec toi comme je le fais maintenant. Ne va pas croire que je t'abandonne. Au contraire, je reste *sans cesse près de toi* comme se doit une grande sœur. Crois bien ceci : accepter le mépris par amour, c'est la gloire de l'amour ; *souffrir par amour*, c'est donner à l'amour plus de consistance. En ce monde, c'est la souffrance qui est la preuve de ton amour, c'est la souffrance qui donne à ton amour toute sa signification et sa valeur.»

Et avant de quitter Van, Thérèse veut comme imprimer en lui ses ultimes recommandations :

«Reste en paix... Le monde voudra t'écraser mais tu deviendras *une fleur splendide* entre les mains de Jésus... Ne cède jamais au découragement... Ne recule pas devant la difficulté... N'aie pas peur de la souffrance. Un jour, tu parviendras à la gloire... Van, mon tout petit frère, je te donne un baiser, et je te souhaite un heureux voyage !»

Le coup est dur pour notre Van. C'est l'entrée dans la foi pure :

«A partir de ce moment, note-t-il, Thérèse ne me parla plus de longtemps, et ce fut pour moi le début d'une vie sombre et triste.»

Déjà Rédemptoriste en son cœur, Van commence à vivre la célèbre parole de son Père Saint Alphonse : « Aimez Dieu et vous vous détacherez de tout ! »

« *Je te chasse !* »

Les prévisions de Thérèse ne tardent pas à se réaliser. A la cure, le climat se dégrade et Van va être le premier visé. En effet, s'abritant derrière le fait qu'il faut rationner la nourriture (1943, c'est la guerre...), les Tertiaires dominicaines mènent la vie dure aux jeunes en formation. Tous souffrent de la faim et Hiên, l'ami de Van, dut partir pour cette raison. Aussi, Van le courageux alla trouver le P. Maillet au nom de tous ses camarades. Celui-ci l'écouta avec bienveillance. Mais comme rien n'évolua, Van revenait sans cesse à la charge en mettant le Père devant ses responsabilités. Agacé, ce dernier se durcit et traita les enfants de « plaignards ». Van ne lâche pas sa pression pour autant. Ce qui nous vaut un dialogue étonnant :

> « — Depuis que je suis prêtre, je n'ai jamais entendu un de mes dirigés me parler avec *un tel entêtement*. Je te le dis encore une fois : tu es très orgueilleux !
> — Oui, je reconnais que je le suis, et pour cette raison, je ne pourrai certainement pas entrer chez les Dominicains.
> — Si tu le veux, ce sera possible...
> — Je ne puis le vouloir quand je constate que dans votre ordre, il n'y a que *des saints* qui ne mangent pas, qui gardent une barbe épaisse et se rasent la tête comme vous. Je reconnais que je ne puis me sanctifier de cette manière-là. J'ai besoin de manger à ma faim,

de me baigner, de me raser, d'être propre et de *garder la juste valeur* dans les soins à donner au corps. Si, après avoir suivi cette ligne de conduite, je viens à tomber malade... j'accepterai cette croix comme venant de Dieu. Mais un saint qui vivrait dans la saleté pour contracter une maladie, je le considèrerais comme *un saint étrange...* Quant à moi, je désire partir comme l'ont fait mes camarades !

— Je vois clairement que tu es un orgueilleux ! Je n'aurai jamais plus confiance en toi ! Va où tu veux... Je ne peux garder un hypocrite chez moi ! »

Petit à petit, on retira à Van tous ses offices et durant trois longs mois, il subit bien des brimades. Finalement, début juin 43, la situation se dénoue : Van refuse de se faire raser la tête pour garder une coiffure « normale ». Le P. Maillet explose et lui ordonne de faire ses paquets en criant : « Je te chasse, tu entends, misérable ! Je te chasse pour en finir avec toi ! »

« *Souris et chante, petit frère !* »

La petite phrase « Je te chasse ! » fit très mal à Van. Après Huu-Bang, le voici chassé pour la deuxième fois et cela est fatal pour sa réputation et son avenir. En plus, il savait la douleur que cela occasionnerait pour sa maman... et il se mit à pleurer amèrement. Au bord du désespoir comme Elie au désert, il disait :

« O Mon Dieu, je veux mourir et mourir ici même, pour n'avoir pas à porter cette honte en présence de ma famille ! ». Mais voici qu'un ange consolateur s'approche :

« Allons ! Mon cher petit frère ! Cesse de pleurer et lève-toi ! Souviens-toi, je te l'ai dit : « On te couvrira de honte ». A l'exemple de Jésus, accepte d'être déchiré et opprimé. Ne cède pas trop au découragement comme si tu étais seul au monde. Prends sur toi ! Souris et chante pour chasser la tristesse.
Chante, chante, petit frère !
Monte et avance avec moi sur la longue route.
Pourquoi t'inquiéter ?...
Jésus est là qui t'attend ;
Souris et chante !... »

Au son de la voix de Thérèse qui s'était tue depuis longtemps, Van reprend courage et va préparer calmement ses affaires... Personne ne s'approcha pour lui dire « au revoir ». Le P. Maillet le surveillait sévèrement et tout le monde avait peur. Seul le P. Brébion vint lui dire adieu en disant : « Reste en paix. Abandonne-toi au Seigneur avec joie et confiance. Bon voyage ! »

Voici Van à nouveau *seul* sur la route. Objectif : Huu-Bang. Pauvre, il s'éloigne de la frontière chinoise et s'oriente vers le sud. A Cao-Bang, il entre dans une église et reprend des forces aux pieds d'une statue de Marie. Une prière magnifique monte de son cœur :

« O Mère, tout petit et malingre que je suis, je m'abandonne entièrement à toi... Je n'ai que mes blessures et mes larmes à t'offrir... Mais avec toi, je veux aller jusqu'au bout de la route... O Marie ! reçois mon cœur et *ne t'éloigne jamais de moi*, car dans *ton regard* se trouve la force qui me mènera à la victoire. Tu es mon rempart, le remède à mes blessures et *l'infirmière* aux mains toujours empressées pour panser les plaies du cœur et essuyer les larmes. Je veux toujours garder mon regard fixé sur toi... »

Après Lang-Son, le voici qui arrive à Huu-Bang. Tout se passe bien et l'abbé Joseph Nha le déclare «innocent» après un mois d'enquête. Ses parents sont prévenus et Van peut faire un petit séjour en famille. Il fait part de son projet de vie religieuse et tous s'en réjouissent...

Une douloureuse attente

Van commence à faire ses premières démarches vocationnelles par correspondance. Il lui faudra beaucoup attendre. On lui répond peu et sans le conforter. Il voudrait tant rentrer à 15 ans comme Thérèse! Celle-ci l'exhorte à la patience et lui fait comprendre son immaturité à vouloir l'imiter en tout.

Durant son attente, on lui confie un groupe d'enfants à catéchiser. Pour Van «c'est vivre comme au Paradis». Il les ouvre à *la prière du cœur* et les enseigne selon l'esprit de Thérèse. Cela va beaucoup l'épanouir et le mûrir.

Enfin, après des mois de démarches, le 22 juin 1944, il reçoit une lettre du Père Letourneau: on l'admet à entrer au Couvent Rédemptoriste de Hanoï. Pour se fournir le petit trousseau règlementaire, il doit mendier... Et le 15 juillet 1944, ce sont les adieux déchirants à la famille:

> «En revenant à la maison, j'entrai de suite dans ma chambre. J'examinai mes bagages pour voir s'il manquait quelque chose. Puis, je guettai le moment où je pourrais *dans l'intimité* adresser quelques paroles de reconnaissance à ma mère. C'était dur de quitter ma

famille qui se trouvait ruinée par la faute de mon père. Sans ma mère admirable, c'était la fin... Il faut être *passé par là* pour comprendre la douleur d'un tel départ... »

Sa maman l'accompagne jusqu'à l'embarcadère et lui fait ses dernières recommandations : « Souviens-toi toujours que Dieu donne sa paix aux âmes qui le cherchent uniquement... Je te laisse partir en espérant que tu sois pour moi et la famille *une force vivifiante*... Je te souhaite un bon voyage ! Prie pour moi !... »

Ainsi, Van s'éloigne et sa maman le suit du regard en pleurant. Sac au dos, il se retourne une dernière fois :

> « Je la saluai encore d'un coup de chapeau, puis la fixant du regard, je me mis à marcher à reculons... Voyant cela, ma mère me cria de me hâter... et comme j'avais failli tomber en marchant ainsi, ma maladresse la fit pouffer de rire... »

Le matin du 16 juillet 1944, une mauvaise surprise attend Van à Hanoï. Il assiste à la messe et communie avec ferveur pour célébrer Notre-Dame du Mont Carmel. Après s'être confié à Marie, le voici devant la porte du couvent. Il est bien reçu par le Père Maurice Letourneau. Mais tous les pères présents, étonnés de son jeune âge ne cessaient de répéter : « Il est bien trop petit ! ». Alors le Père Recteur lui demanda :

> « — Quel âge as-tu ?
> — Mon Père, j'ai 16 ans.
> — Il est probable qu'on t'ait baptisé quatre ans avant ta naissance ! »

Et tous éclatèrent de rire...

12 ans! On ne lui donne pas plus que 12 ans! Lui qui pensait être arrivé au port devra donc attendre à nouveau car le Père Recteur est formel:

> «Si tu veux devenir prêtre, tu peux entrer tout de suite; sinon, il te faut attendre trois ans!»

Se souvenant de la parole de Thérèse, et levant les yeux vers un crucifix pendu au mur, Van a le courage de répondre:

> «Mon Père, Dieu ne veut pas que je sois prêtre».

On le reconduit gentiment à la porte. Et le voici à nouveau seul dans la rue. Il pleut et les gouttes se mêlent à ses larmes. A son retour, sa mère l'encourage à persévérer. Son père, lui, est très mécontent. Dans le village, tout le monde se moque de lui: «Il est allé chez les Pères pour bien manger, à la française!»

«Une vie de Rédempteur»

Tout semblait perdu quand, trois mois plus tard, arrive une lettre: Van est accepté au couvent... comme domestique.

Le 17 octobre 1944, grâce à l'intercession de saint Gérard Majella, il entre enfin au postulat. Fou de joie, il danse et saute en disant à ceux qu'il rencontre:

> «— Le père recteur m'a admis dans la communauté!»

Le dernier qu'il rencontra fut le frère Tuyên qui lui dit :

— Tu es vraiment *comme la petite Thérèse* quand elle apprit la nouvelle de son admission au carmel ! »

Chose étrange, ce frère ne savait rien de sa relation privilégiée avec la Sainte. Il l'appelait pourtant « le petit frère de Thérèse ».

Une fois reçu dans la communauté par un mot d'accueil, Van est conduit pour la première fois dans sa cellule. Au mur, juste un crucifix et quatre images dont celle de Notre-Dame du Perpétuel Secours. Dans ce silence, un bonheur l'enveloppe :

« Cette chambre est devenue aussitôt pour moi *un lieu de ferveur...* Et je pensais : je n'y suis pas seul : toute une famille heureuse et aimante y habite avec moi et *me regarde* avec la plus tendre affection. Je me mis à pleurer car je me sentais aimé... Et je me disais encore : désormais, l'Amour sera l'unique trésor de ta vie ! J'ai trouvé ici *le plus haut degré de liberté...* Ma joie, c'est d'aimer et d'être aimé ! [1]. »

Cette nuit-là, Van s'endort en serrant le crucifix sur son cœur. Il commence sa « vie de Rédempteur » dans la paix.

Dès le lendemain, on le nomme aide-cuisinier. A vrai dire, il doit surtout accomplir le plus sale boulot : nettoyer les marmites, frotter les parquets... Au lieu d'encouragements, il reçoit *d'incessantes brimades* : « Petit comme il est, il ne mérite pas le nom de frère !

---

1. Cela fait encore penser à la formule de Thérèse sur le bonheur : « Aimer, être aimé et faire aimer l'Amour ».

Il veut devenir religieux et il pleure pour un rien! A-t-il seulement l'âge de raison?» Les frères critiquent. Van se tait et travaille de son mieux. Il a pourtant peur. Thérèse le rassure:

> «A part le Bon Dieu, *tout le monde* se trompe. Prends donc patience et ferme l'oreille à ces provocations. Crois fermement que Dieu connaît *la sincérité* de ton cœur...»

Ces épreuves vont atteindre un paroxysme à travers un postulant impitoyable. D'après Van, il avait un «style grand mandarin» très désagréable et ne manquait aucune occasion pour l'écraser. Il a même dit une fois: «Si j'étais supérieur, je mettrais aussitôt à la porte un type comme Van!» Trois mois plus tard, c'est lui-même qui fut renvoyé. Van se souvint de la parole du Seigneur: «Ne jugez pas et vous ne serez pas jugés; car du jugement dont vous jugez on vous jugera, et de la mesure dont vous mesurez on mesurera pour vous.» (Mt 7, 1). Notre petit rédempteur, lui, n'avait cessé de mettre en pratique cette autre parole de Jésus: «Aimez vos ennemis, priez pour ceux qui vous persécutent» (Mt 5, 44).

Petit à petit, Van va surtout découvrir les richesses cachées de ses frères:

> «C'est merveilleux! Jésus répartit ses vertus sur plusieurs. Aussi, il ne faut pas se contenter de lire l'Evangile pour apprendre le secret de la sainteté; il faut encore savoir lire *les Evangiles vivants* que Dieu a placés autour de nous, et ce sont nos frères!
>
> Ainsi, après avoir appris à contempler Jésus caché dans les frères... je me mis à *imiter chacun* dans ce qu'il a de meilleur... Ils sont pour moi *les couleurs* que

Dieu m'a préparées pour rendre belle l'image du « Divin Rédempteur » vivant en moi... »

Frère Marcel de l'Enfant-Jésus

Dans la vie religieuse, il était de coutume à cette époque de changer de nom pour manifester la vie nouvelle dans le Christ. C'est pourquoi, un jour, le Père Recteur dit au postulant en présence des frères : « Désormais, tu ne t'appelleras plus Van, mais Marcel. » Van n'est qu'à moitié heureux. Il avait le désir de porter le même nom que Thérèse. C'est dans le secret qu'il s'appellera : « Frère Marcel de l'Enfant-Jésus ».

Un autre jour, un rêve l'enseigne profondément : les acteurs en sont Thérèse, lui à l'âge de 5 ans et cinq petits diables. L'enjeu profond en est *la paix de l'âme*. Van comprend que bien des tristesses ou des tentations sont amplifiées par l'Ennemi :

> « Ce rêve renfermait pour moi *une leçon de prudence*. Combien de fois ma sœur Thérèse ne m'a-t-elle pas dit : « Petit frère, ne t'arrête pas aux choses de nature à troubler la paix de ton âme ; ce sont là des histoires inventées par le démon ! » Pour avoir oublié bien des fois cette leçon, j'ai éprouvé de telles angoisses que le découragement n'était pas loin... »

Mais après ce rêve, Van acquiert *plus de finesse* dans son discernement et pratique ce qu'il appelle « la tactique de la paix ». En toutes circonstances, s'abandonner entre les mains de Dieu en disant : « O Mon Dieu, laisse-moi me blottir entre tes bras... Que *la puissance*

de tes bras triomphe des ennemis de mon âme!...»
Bien des fois aussi «un simple regard d'amour *plein de confiance* suffisait...» Oui, tout petit devant Dieu et puissant parce qu'enfant, tel est notre frère Marcel de l'Enfant-Jésus.

Un après-midi, à l'heure où le Christ expira sur la croix, Van travaille en silence... Tout en préparant la farine pour les gâteaux, il médite sur l'amour de Jésus souffrant quand, soudain, un «grand changement» s'opère dans son âme. Il se sent «emporté par un immense courant d'amour»... Dieu est là. Puis, ensuite, une voix :

«— Marcel, m'aimes-tu beaucoup?

— Oui, mon Dieu, je t'aime beaucoup... En dehors de toi, qui donc aimer?»

Ainsi commencent les dialogues intimes entre Van et Jésus. Il nous en révèle les effets dans un très beau passage :

> «A partir de ce jour, Jésus m'enseignait comme il le faisait pour les apôtres, se comportant avec moi comme un père avec son enfant... Ses paroles de tendresse embrasaient mon cœur comme autant d'étincelles et me pénétraient jusqu'au plus intime. Mon âme était hors d'elle-même; j'avais l'impression d'être *plongé* dans les profondeurs de l'Amour et de disparaître dans le Cœur de Dieu.
>
> Pourtant, mes mains et mes pieds continuaient à fonctionner, et j'exécutais mon travail avec régularité... Seul le temps passait très vite.»

Le Seigneur veut faire aussi comprendre à Van que tout ce qu'il fait l'intéresse :

> «Dans son immense bonté, Jésus me demandait de

lui raconter tous les petits faits de ma vie, dans les moindres détails. Il voulait que je lui parle de mon travail de chaque jour, de mes difficultés avec les frères, de ce qui me faisait souffrir... etc. Il voulait même que je lui raconte des histoires amusantes...»

Et Jésus ajoutait:

> «Les gens peuvent trouver cela ridicule et ennuyeux. Mais pour mon amour, *tout est précieux*. J'aime tant un amour sincère. Et quand il est sincère, l'amour est minutieux, il ne cache au Bien-Aimé aucun de ses moindres mouvements.»

Avec cette nouvelle expérience, Van devient très sensible à la consistance de l'amour de Jésus en lui. Pour la première fois, il parle d'un «Amour indestructible»: *expression vanienne* qui prendra tout son relief dans les persécutions futures.

Une vision d'apocalypse

Dieu vient de faire franchir à Van une nouvelle étape. Et voici qu'il l'instruit par une vision. Faisant tout vérifier par son père spirituel, Van l'accueille avec prudence:

> «C'est *un signe extraordinaire* qui est resté gravé dans ma mémoire jusque dans les moindres détails. Permettez-moi de le raconter, en y mettant toutefois les réserves voulues. Je n'ose rien affirmer sur sa réalisation... Le temps se chargera de le confirmer.»

C'est un soir de juin 1945. La Seconde Guerre mondiale touche à sa fin. Van adore le Saint Sacrement avec la communauté. Durant la bénédiction, il fixe l'Hostie quand, soudain, tout se transforme :

> « Je vis Jésus qui, venant de loin, marchait vers moi. Il s'avançait le visage impassible et plein de douceur. Ses cheveux longs tombaient sur ses épaules. Ce qui m'a surtout frappé, c'est *la bonté de son regard*... Un regard qui reflétait l'amour infini de son cœur [2].
>
> Et je pense qu'un seul de ses regards suffirait à jeter en extase tous les hommes... Il portait une longue robe claire, une ceinture et un manteau rouge... Jésus vint à côté de moi, et je me vis alors *changé en petit enfant* de deux ou trois ans. Pas le temps de m'étonner qu'il s'assit sur un socle de pierre, me prit dans ses bras et me serra sur son Cœur... »

Première partie de la vision. Puis, après ce prélude, une menace approche :

> « J'entends alors *un bruit lointain*. Jésus fixa son doux regard devant lui et fit un geste dans cette direction. Il me dit : « Mon enfant, vois cette foule qui s'avance vers moi avec colère ». Je jetai un regard rapide et j'aperçus une foule immense composée de gens de toutes conditions : enfants, adultes, hommes et femmes qui s'avançaient, l'air menaçant, portant chacun *sur le front* un signe semblable [3]. Ils poussaient des hurle-

---

2. Cela fait penser à la vision de Jean au début de l'Apocalypse : « Je vis comme un Fils d'homme revêtu d'une longue robe serrée à la taille par une ceinture en or... » Ses yeux sont *comme une flamme ardente*... son visage, c'est comme le soleil qui brille dans tout son éclat. » (Ap 1, 13-16).
3. Cela ressemble fort au *signe de la bête* : « Tous, petits et grands, riches ou pauvres, libres et esclaves, se feront marquer *sur la main droite* ou *sur le front* et nul ne pourra rien acheter ni vendre s'il n'est pas marqué au nom de la bête ou au chiffre de son nom... » (Ap 13, 16-17).

ments épouvantables. En passant devant Jésus, ils l'injuriaient et blasphémaient son Saint Nom. Certains agitaient des bâtons, d'autres ramassaient des pierres pour les lancer violemment contre le corps divin de Jésus. La plupart le visaient directement au visage, mais je ne sais pourquoi, ces pierres ne l'atteignaient qu'aux bras et aux jambes. Spectacle horrible ! Et moi, impuissant, je ne savais qu'étreindre plus fortement Jésus, me blottir sur son Cœur et verser des larmes... »

Troisième partie de la vision : Dieu s'y révèle extrême miséricorde. C'est *son vrai visage*. Ecoutons Van :

« A un moment donné, je vis qu'une pierre se dirigeait sur moi. Terrifié, je fis un brusque mouvement de côté. Voyant ma frayeur, Jésus me pressa sur son cœur et la pierre l'atteignit au genou... Cette foule resta là longtemps, à torturer le Sauveur.

Au milieu des injures, Jésus *gardait* un visage plein de bonté et regardait cette foule *avec amour*, oui, avec amour, un immense amour ! En les voyant persister dans leur folle attitude, il eut compassion d'eux et laissa couler une à une ses larmes sur sa poitrine.

Je pleurais avec lui et je ressentis au cœur une douleur capable de me faire mourir. Mais en contemplant *la tendresse de son regard*, je me sentais réconforté... Pendant que la foule était là, Jésus me regarda et me dit : « Mon enfant, prie beaucoup et fais de nombreux sacrifices pour tous ces hommes malheureux ! Sauve-les en union avec moi !... » La plus grande douleur était de voir des enfants encore candides qui jetaient des pierres à Jésus... »

Puis, tout se calma. Le Sauveur donna un baiser à Van, lui recommanda de ne rien oublier et disparut peu à peu. Quand le Père Recteur entonna le *Salve*

Regina, Van se retrouva tout bête dans la chapelle et remarqua sur son prie-Dieu les larmes qu'il venait de verser.

Van sauve un franc-maçon

Cette vision fut très stimulante mais Van précise bien que «sans elle, il aurait autant prié et offert pour les pécheurs». Il n'est pas en quête d'originalité mais de vérité. Et il sait que l'amour vrai n'est pas dans les extases; aimer, c'est *donner sa vie* pour ceux qu'on aime (Jn 15, 13).

Un événement va *mobiliser* toutes ses énergies d'apôtre caché. Il va exercer comme jamais son petit ministère d'intercession. Voici : le docteur Le Roy des Barres tombe gravement malade. Médecin français aux colonies et de famille catholique, il avait depuis longtemps quitté l'Eglise. Devenu adepte militant de la franc-maçonnerie, il n'en était pas moins un grand bienfaiteur de la communauté de Hanoï. Tous les religieux se mirent donc à prier pour lui. Touché de compassion, Van le reçut comme *son premier enfant*. Il pria ainsi : «Seigneur, Mon Dieu, je suis tout petit, mais le geste que je pose est extrêmement grand.»

Et implorant la conversion du docteur, Van se mit à offrir au Père le Précieux Sang de Jésus par l'intercession de Marie, des saints, spécialement de sa sœur Thérèse.

Apparemment, rien ne bougeait. Lors d'une dernière visite, un père de la communauté essuya un refus catégorique: «Laissez-moi, je suis très fatigué!» s'impatienta le docteur. Et le frère revient désolé, pleurant sur celui qui avait tant de fois montré de la sympathie pour les amis de Jésus. Il précisa que le docteur ne passerait sans doute pas la nuit.

Le soir, avant de s'endormir, Van pria encore avec ferveur, pour le franc-maçon. Mais voici que vers onze heures, il est comme réveillé en sursaut :

> « C'est comme si quelqu'un était venu me tirer du sommeil et j'eus aussitôt le sentiment que le docteur était en agonie. Je me levai et récitai trois *Ave* pour lui obtenir la grâce d'une bonne mort. Je rappelai aussi à Thérèse et au Père Joseph Hiêp (décédé depuis peu et soigné par le docteur) de venir à son aide en cette heure décisive. Puis je me remis au lit... A peine assoupi, me voici à nouveau réveillé. Je me sentis envahi par *une fièvre étrange*. Ma tête et mon corps étaient brûlants. J'étais comme dans un four et je suffoquais... Je saisis alors ma croix de bois et fis le signe de la croix... Troublé et presque inconscient, je me rendis à la véranda pour avoir un peu d'air frais. Mais chose curieuse, le vent ne faisait qu'accroître mon malaise... et tout ce que je touchais me semblait être du feu. Je n'avais jamais rien éprouvé de semblable... »

Dépassant ses peurs, Van offrit tout cela pour le docteur. Il avait « une soif terrible », mais s'obligea à ne rien prendre... Quand, vers une heure du matin, tout s'apaisa et il s'endormit peu à peu.

Le matin, il se lève en forme et apprend vers neuf heures que le docteur avait expiré aux environs de minuit. Cette nouvelle attrista la communauté et un frère plus pessimiste que d'autres osa même affirmer : « Eh bien, c'est fini ! Jamais plus nous ne reverrons le Docteur Le Roy des Barres ! » Van ne peut se résoudre à cette idée. Quelque part, il a *la certitude* que le docteur est sauvé... « Qui sait si au dernier moment, il ne s'est pas tourné vers Dieu, touché par la grâce ?... » L'Eglise confirme la présence des saints au ciel en les canonisant, elle n'a jamais envoyé personne en enfer. Plein de confiance, Van conclut : « Je le croyais en purgatoire et non en enfer comme certains frères... »

Il veut tout de même en avoir le cœur net et va trouver Jésus au tabernacle. Comme Thérèse pour son Pranzini, il demande *un signe* :

> « O Jésus, tu sais que je ne cesse de prier pour la conversion de mon père. Voilà maintenant trois ans qu'il ne s'est pas confessé et que je n'ai plus de nouvelles de lui... Afin de me tranquilliser pour le salut du docteur, je te demande cette faveur : que mon père se confesse et communie au cours de cette année. Ce sera *le signe* par lequel tu me feras savoir que le docteur est sauvé... »

Trois jours après, quelqu'un de son village vient le visiter et lui apprend que son père s'est confessé et a communié au temps de Pâques. Depuis lors, il vit en bon chrétien. Van remonte dans sa chambre et se jette au pied de son crucifix. Il pleure de joie, avec au cœur cette immense paix de se savoir écouté :

> « Vraiment, *Dieu est Amour*! Comment aurait-il pu m'oublier? Je veux chanter son amour à jamais par ma toute petitesse et mon impuissance sans limite... »

Regards sur l'avenir:
les enfants et les jeunes, les prêtres, les apôtres de Marie, la France et le Vietnam

1945-1946 : deux années lumière ! Jésus entrouvre à travers Van *une porte* sur le futur [4]. La guerre mondiale est finie. Après cinq années de cauchemar, on a la rage de vivre et de tout reconstruire. C'est en ces temps de reprise que le ciel s'entrouvre dans le cœur de Van. Il reçoit des messages et des avertissements sur des points très précis. Rien de trop prolixe, mais une série de dialogues avec Jésus, Marie, Thérèse où certains passages sont de véritables prophéties. Il a, bien sûr, tout mis par écrit après le discernement de son Père spirituel [5]. En lisant ces extraits, n'oublions jamais *le mystère* de la miséricorde et de la prière qui peuvent tout changer. Rien n'est programmé à l'avance dans l'Histoire du Salut. Nous avons surtout besoin de conversion évangélique. Et quand Dieu se met à crier ou à pleurer, c'est parce qu'il a peur pour l'homme. Dieu *seul* est humain.

---

4. On ne citera ici que quelques extraits. Pour l'ensemble, on se rapportera au tome 2 consacré aux écrits spirituels de Van.
5. Voici son avis : « *La vie exemplaire* du frère Marcel, sa limpidité d'âme, sa parfaite obéissance à son père spirituel et sa générosité en face du sacrifice, nous donnent *un préjugé favorable* touchant sa véracité et partant l'authenticité de ces communications. On les publie donc avec toute la réserve qui s'impose ne voulant en rien anticiper sur *le jugement final* qui revient de droit à la Sainte Eglise... » (Père Antonio Boucher).

Les enfants et les jeunes

Un jour, l'Enfant-Jésus s'adresse à Van pour lui dire son amour des enfants :

> « Van, je t'aime beaucoup. Sache que j'ai une prédilection spéciale pour les enfants ; je suis si heureux d'être leur ami. S'ils veulent me chercher, c'est très facile : ils n'ont qu'à examiner *leur propre manière d'agir*, et ils me trouveront immédiatement en eux. J'ai déjà promis aux enfants le royaume des cieux... et ils n'ont rien d'autre à faire que de l'accueillir.
>
> Van, ton apostolat doit *s'exercer* auprès des enfants. Je veux que tu attires à moi les enfants... Je les aime tant. Quand ils jouent au ballon, quand ils font des concours de natation ou se livrent à leurs jeux enfantins, je suis présent au milieu d'eux... Van, tout me plaît chez les enfants ; une parole, un sourire, même une larme de tristesse, tout cela me touche... »

L'Enfant-Jésus fait alors allusion à *des menaces nouvelles* qui planent au-dessus des enfants :

> « Malheureusement, Van, il semble que maintenant les enfants, par leur manière d'agir, veulent souvent *rivaliser* avec les adultes. Et le plus terrible, c'est que d'ordinaire le monde leur fait connaître le péché, plutôt que moi, le Vrai Chemin qui conduit au ciel... Ma vie de petit enfant, même un tout petit qui sait à peine marcher est capable de l'imiter...
>
> Van, prie beaucoup pour que les enfants comprennent mon amour et se livrent à lui. Le monde tue *l'âme des enfants* sous mes propres yeux, et moi, que puis-je faire ? Ces âmes d'enfants m'appartiennent... et pourtant, le monde me les ravit pour en faire la proie du démon...

« Van, je veux que tu attires à moi les enfants... »
(Jésus à Van)

O enfants, mes petits frères, je vous ai *appelés et attendus* avec impatience dès le premier instant de ma conception dans le sein de Marie. Parce que je vous aime, j'ai vécu votre vie d'enfant, j'ai compris votre situation. Allons, mes petits frères, *venez à moi*... Ne savez-vous pas que votre petit Jésus n'a foi que de vous ? Sans moi, comment pourriez-vous être joyeux ?

Van, as-tu bien compris ? Il faut *arracher les enfants* aux ténèbres du monde... Oh ! malheur au monde s'il n'avait plus les enfants pour offrir un *lieu de refuge* à la bonté de Dieu ; il serait alors anéanti par la justice divine... [6]. Van, fais connaître aux enfants le Royaume des Cieux... Il leur appartient [7]. Bienheureux sont-ils de l'accueillir les mains vides ! »

Dans un autre passage, « Jésus lui prophétise aussi la levée d'une multitude de *jeunes apôtres de l'amour*, mais en ajoutant : « Ce n'est pas pour tout de suite ». Il y a de cela une trentaine d'années. Et voici : nous les voyons partout se lever, les jeunes apôtres de l'amour, les jeunes témoins de la lumière [8]. »

---

[6]. « Si quelqu'un doit *scandaliser l'un de ces petits* qui croient en moi, il serait préférable pour lui de se voir suspendre autour du cou une de ces meules que tournent les ânes et d'être englouti en pleine mer. Malheur au monde à cause des scandales ! » (Mt 18, 6).

[7]. « On lui présentait des petits enfants pour qu'il les touchât, mais les disciples les rabrouèrent. Ce que voyant, Jésus se fâcha et leur dit : « Laissez les petits enfants venir à moi ; ne les empêchez pas, car c'est à leurs pareils qu'appartient le royaume de Dieu... » (Mc 10, 13-14).

[8]. Daniel-Ange, *Les témoins de l'avenir*, Le Sarment-Fayard, 1985, p. 366. Quand paraîtra ce livre, que l'on songe simplement à *l'immense rassemblement* des jeunes Européens à St Jacques de Compostelle autour de Jean-Paul II en Août 1989.

Les prêtres

Au début de l'automne 1945, Jésus confie à Van ses souffrances à cause des prêtres :

> « Van, petit apôtre de mon amour... Prie beaucoup et fais des sacrifices pour mes prêtres... O mon enfant... Si les prêtres eux-mêmes sont *en révolte contre moi*, où mon amour ira-t-il se réfugier ?... Pour échapper aux violences des pécheurs, je cours me réfugier chez eux, j'implore leur secours... Hélas ! il se trouve des prêtres qui me traitent sans façon et me mettent à la porte ; ils ne tiennent pas à ce que je leur manifeste mon amour et considèrent mes paroles comme étant exagérées. Par là, il se fait que les âmes qui leur sont confiées perdent leur confiance en moi... Prie donc pour que *les pères spirituels* comprennent clairement l'amour que je porte aux âmes confiées à leurs soins ».

Van ne comprend pas toujours les paroles du Maître et s'en étonne parfois. Cela n'arrête pas Jésus :

> « Si tu ne comprends rien à ce que je dis, peu importe ; comprendre, c'est l'affaire de ton père spirituel ; ton rôle à toi consiste avant tout à écrire... Ecris encore aujourd'hui ces paroles que j'adresse aux prêtres...
> Si je les ai revêtus de mon autorité, c'est dans l'unique but qu'ils s'en servent pour amener les âmes à s'approcher de moi... Mais voilà que ces prêtres osent se servir de mon nom pour perdre les âmes...
> Devant une pareille situation, je dois aller me réfugier dans les petits âmes. Elles deviennent mes épouses et me servent... Je leur confère ensuite la dignité de *mères des âmes* que je veux sauver... »

A un moment, Jésus change de ton :

> « Une chose me console un peu, c'est que beaucoup de prêtres savent encore m'aimer... Vraiment, ils forment autour de moi comme *un bouclier* qui me protège des autres prêtres... Oui, je les aime tout particulièrement ces bons prêtres ; je fixe sur eux mon regard, je me réjouis avec eux, je ne cesse d'être leur soutien et leur guide... Enfant de mon amour, *mon grand désir est d'avoir beaucoup de prêtres comme eux...*
>
> Comme témoignage de l'amour que je porte aux prêtres, je me choisirai parmi eux un apôtre de mon amour. Prie pour cet apôtre, n'est-ce pas ? Je lui parlerai exclusivement des prêtres, afin d'amener ces derniers à croire réellement que mon amour est *sans limite...* »

Et Jésus apprend à Van une prière en la fête du Christ-Roi : « O Jésus, Roi d'amour, faites que *le règne de votre amour* s'établisse au plus intime du cœur de vos prêtres. »

Les apôtres de Marie

Le 3 septembre 1946, durant la méditation du soir, Van a une vision de Marie. Avec toute sa candeur, il trouve que « son visage a beaucoup de *ressemblance* avec celui de l'Enfant-Jésus, mais un peu moins joufflu ». La Sainte Vierge lui dit :

> « Van mon enfant, ne crains rien, malgré les souffrances, tu resteras *toujours abrité* sous mon manteau, en compagnie de l'Enfant-Jésus... Mes mains deviendront l'autel du sacrifice, tandis que toi, à l'exemple de petite Thérèse, tu seras la victime d'holocauste offerte à l'Amour et que Jésus accueillera... »

Le lendemain, Marie se met alors à insister sur la venue de son Règne :

> « Mon petit Van, voici une chose que je te recommande et que tu devras mettre en pratique... Je fais la même recommandation à ton père spirituel : demain, premier samedi du mois, jour qui m'est consacré, je ne te demande rien d'extraordinaire, mais seulement d'offrir tes œuvres à l'intention de *mes petits apôtres* — ceux-là qui doivent plus tard établir mon règne sur terre — afin que remplis de ferveur et de courage, ils puissent tenir tête au monde et à l'enfer.
>
> Mon règne arrivera après celui de l'Amour de Jésus ; et ce règne sera plus ou moins stable ici-bas, selon qu'il y aura plus ou moins de prières. Si l'on prie peu, il durera peu ; mais plus on priera, plus aussi mon règne sera solide et de longue durée. Vu que mon règne viendra *après* le Règne de l'Amour de Jésus, il ne sera que *le signe* qui révèlera clairement aux hommes le Règne de l'Amour de Jésus, et amènera le monde à reconnaître que je suis vraiment Mère ».

5 janvier 1946, Marie continue à révéler à Van sa mission :

> « Mon enfant, souviens-toi toujours que je t'ai donné une mission particulière envers moi... Tu dois *beaucoup prier* pour les apôtres de mon règne [9]. La prière

---

9. Au XVIIIe siècle, St Louis Marie Grignion de Montfort annonçaient *le règne de Marie* par l'éclosion future des apôtres des derniers temps ; au XXe siècle, on voit se lever beaucoup d'apôtres de Marie dont l'admirable saint Maximilien Kolbe. En 1936, il écrit : « il faut que *l'Immaculée règne* dans le cœur de tous ceux qui se trouvent partout dans le monde sans distinction de races, de nationalités, de langues et, aussi dans les cœurs de tous ceux qui vivront en n'importe quel temps jusqu'à la fin du monde. Voilà notre idéal !... L'Amour divin, par elle, mettra *le feu au monde*... Ceux qui se donnent à l'Immaculée désirent conquérir pour elle *le monde entier*... »

leur servira d'arme et de nourriture ; et avant de les engager dans la bataille contre l'enfer, il faut que je leur prépare cette arme et cette nourriture dont ils se serviront plus tard. C'est à toi que je confie *cette mission* que tu devras remplir pendant que tu es encore sur cette terre. Au ciel, je t'en confierai une autre. »

Plus loin, Marie donne encore des précisions sur ses futurs apôtres :

« Van, écoute-moi. Comme Jésus te l'a dit auparavant, au début de la lutte, *mes apôtres paraîtront très faibles*, si faibles qu'on les croira incapables de tenir tête à l'enfer... Par là, mes apôtres apprendront à être plus humbles... Cependant, plus l'enfer aura été victorieux auparavant, plus il sera honteux ensuite, car ce ne sera pas moi en personne qui écraserai la tête de Satan, mais *mes enfants*...

Voyant que j'utilise mes faibles enfants, comme autant de pieds pour lui écraser la tête, Satan sera honteux...

Ensuite, mon règne s'établira peu à peu dans le monde, comme Jésus te l'a dit. Je serai beaucoup glorifiée sur la terre, mais, petit enfant, il faut que tu pries beaucoup pour mes petits apôtres. Prie en paroles, prie par tes soupirs, prie par tes désirs... »

Le 6 janvier 1946, Van fait allusion à la fin du monde dont bien des gens disent qu'elle est proche. La Sainte Vierge répond :

« Pour ce qui est de *la fin du monde*, je n'en sais absolument rien... Laisse à la Sainte Trinité le soin de s'en occuper. Pour moi, tout ce que je sais, c'est que Jésus veut rétablir en ce monde *le règne de son amour* ; c'est par le lien de l'amour qu'il veut ramener l'unité dans le monde, faire du monde un royaume qui lui appartienne en propre. Le Règne de son Amour deviendra *un pillier de feu* qui soutiendra le monde sur le point de se disloquer... et si le monde revient à la vie, il le devra à *cette flamme d'Amour*...

Prie mon enfant, prie beaucoup pour que le Règne de l'Amour de Jésus soit établi sur terre dans toute sa beauté, et qu'il en soit de même pour mon propre règne. Le monde entier *me reconnaîtra* pour sa véritable mère, et c'est alors qu'il comprendra clairement l'amour dont mon cœur déborde pour lui [10]. Prie, le Règne de l'Amour arrivera bientôt dans le monde et mon règne à moi le suivra de près...

Petit Van, sache que je choisis mes apôtres dans tous les pays et il y en a dans chaque pays. Ils se divisent en *deux groupes* avec la même mission et le même but : l'expansion de mon règne dans l'univers. L'un de ces groupes se charge spécialement *de prier*, l'autre *d'annoncer* au monde la venue de mon règne. Je te communique ceci : les apôtres qui travaillent à l'expansion de mon règne, je les choisirai exclusivement dans le Royaume de l'Amour de Jésus, car en ces temps-là, le monde sera devenu le Royaume particulier de Jésus...

Mon petit Van, si je t'annonce ces choses, c'est dans l'unique but de t'exhorter à la prière... Dis bien à tout le monde que c'est sur *le solide fondement de la prière* que s'établira mon règne en ce monde... Et toi, donne-moi le nom de Mère de Tout l'univers... »

---

10. Le 13 Octobre 1917, la Sainte Vierge dit aux trois enfants de Fatima : « Je suis Notre Dame du Rosaire. Je viens vous demander de dire *tous les jours* le chapelet et de changer de vie... A la fin, mon cœur Immaculé *triomphera* ».

La France et le Vietnam

On se souvient à quel point il fut dur pour Van de prier pour la France. En la fin de l'année 1945, voici que Jésus revient sur le sujet:

> « Van, n'oublie pas *le pays* que j'aime le plus, tu entends?... Le pays qui a produit la première petite fleur qui, depuis, en a engendré beaucoup d'autres... Cette petite fleur, c'est celle que j'ai choisie pour être ta sœur aînée, Thérèse... Van, considère cette fleur-là et comprends ceci: c'est *en France* que mon amour s'est tout d'abord manifesté. Hélàs! mon enfant, pendant que le flot de cet amour coulait par la France et l'univers, la France, sacrilègement l'a fait *dériver* dans l'amour du monde, de sorte qu'il va diminuant peu à peu... C'est pourquoi la France est malheureuse. Mais, mon enfant, la France est toujours le pays que j'aime particulièrement... J'y rétablirai mon amour... Et pour commencer à répandre sur elle mon amour, je n'attends désormais qu'une chose: que l'on m'offre suffisamment de prières. Alors, mon enfant, de la France, mon amour *s'étendra* dans le monde... Je me servirai de la France pour étendre le règne de mon amour partout... Surtout, prie pour les prêtres de France, car c'est par eux que j'affermirai en ce pays le « Règne de mon Amour... » »

Le Seigneur parle ensuite de la future et mystérieuse union de la France et du Vietnam dont Thérèse et Van sont le symbole:

> « Pour ce qui est de ton temps, le Vietnam, la France est actuellement son ennemie; mais dans l'avenir, elle fera de lui un pays qui me rendra un plus glorieux

témoignage [11]... O Van, ce que ta sœur Thérèse fait pour toi, tu dois le faire aussi pour la France. Je veux que l'union qui existe entre les deux petites fleurs (de France et du Vietnam) soit *le symbole de l'union* que je veux voir régner entre la France et le Vietnam... Mon enfant, souviens-toi que c'est avec la France, que ton pays le Vietnam parviendra à consolider le Règne de mon Amour. Prie pour que les deux pays ne fassent plus qu'un ensemble... O mon enfant, mon amour te donne le nom de seconde petite Thérèse. Dans le ciel, je te donnerai pour mission d'aider ta grande sœur Thérèse à *inspirer au monde* la confiance en mon amour... »

Ensuite, Jésus revient sur les grandes menaces qui pèsent sur l'avenir de la France :

«O mon enfant, prie pour le pays que j'aime particulièrement... Ah! La France... si on ne prie pas, elle sera encore une fois malheureuse, et le règne de mon amour ne pourra que *difficilement* s'y établir... Van, ne doute pas de ce que je viens de te dire, en voyant que la situation en France est déjà un peu plus stable... Mon enfant, je parle ainsi pour que la France soit avertie et sache prévenir, car l'Ennemi veut faire de ce pays un foyer de discordes. Il faut beaucoup prier... France!... France!... Promets-tu de m'être fidèle? Es-tu décidé *à protéger et étendre* le règne de mon amour dans le monde? »

---

11. A l'heure du Dô Moi («Renouveau»), *la Pérestroïka à la vietnamienne*, il semble qu'un *vent nouveau* souffle actuellement sur le Vietnam: «depuis 1975, l'Eglise n'a jamais pu obtenir l'autorisation de publier un livre religieux... Mais il se pourrait bien qu'une traduction de la Bible sorte prochainement d'une imprimerie de Hanoï et qu'un missel — le premier — suive son exemple». Michel Tauriac, *Printemps pour l'Eglise du Vietnam?*, France catholique, 7 Juillet 1989, p. 6.

Après la menace du communisme, le Seigneur en évoque une autre, plus subtile et progressive :

> « Petit apôtre de mon amour, écris au sujet de la France... Français, mes enfants, et vous, mes prêtres de France, je vous aime. Soyez sur vos gardes afin de prévenir. L'Ennemi de mon amour va vous lancer avant tout *son poison à la tête*... Soyez sur vos gardes... Ce parti, contrairement au parti communiste, ne nuira pas *directement* à mes enfants... Il ne détruira pas d'un seul coup le pays que j'aime, mais il le détruira peu à peu. Oui, *peu à peu*, il va se propager, peu à peu il va vomir sa fumée infernale pour vous faire *mourir asphyxiés*; il agira de façon à vous éloigner peu à peu de mon amour, pour vous rapprocher progressivement de l'amour profane. Oui, mes enfants, il agira ainsi peu à peu... Ayez confiance en mon amour, consacrez votre pays à mon amour [12]... Mieux vaudrait pour la France être gouvernée par un homme du peuple à *l'esprit obtus*, que de l'être par *un ennemi de mon amour* qui la mènerait à la ruine complète... Pauvre France! une fois libérée du communisme, elle subira *une influence plus perverse encore*, celle de la franc-maçonnerie...
>
> O France, pays que j'aime... Considère les paroles que je t'adresse ici... Français, mes enfants, si vous repoussez loin de vous mon amour, de quel amour pourriez-vous bien vous servir pour relever la France? S'il n'y a aucun amour pour relever la France, alors la France se verra couverte *d'épaisses fumées* montant de l'enfer... »

---

12. En ce sens, Jésus a dicté *une prière* à Van et désire que les Français la récitent. D'autres aussi furent dictés pour *les carmélites* et aussi *les prêtres français*. Tout cela sera publié dans le tome 2.

Thérèse se manifeste aussi à Van pour lui parler de son pays :

> « Mon cher petit frère... Je suis *une petite fleur* qui s'est épanouie au pays de France. Or, quand je vois mon pays plongé dans le malheur, comment pourrais-je ne pas m'en occuper ? Oui, je pleure sur la France, car Jésus l'aime... et que *sans la France*, tu ne m'aurais pas pour sœur... Van, prie pour la France pour qu'elle devienne *la mère* du Royaume de l'Amour dans le monde entier... »

Enfin, le 26 décembre 1945, en plein temps de Noël, un étonnant dialogue se noue entre Van et l'Enfant-Jésus :

> « — Petit Jésus, comment les choses vont-elles en France ? J'ai entendu dire l'autre jour qu'il y avait beaucoup de partis.
> — Il n'y a qu'un parti *vraiment fort*, et heureusement c'est lui qui l'emporte. Van, sais-tu quel est ce parti ? Devine pour voir...
> — C'est *le parti de la prière*.
> — Juste, mais ce n'est pas complet.
> — Je ne sais quel autre parti ce pourrait être encore.
> — Ecoute... Ce parti, c'est *celui de mes épouses*. Le parti de mes épouses est très puissant, mais il doit utiliser *l'arme de la prière* pour garder la France. Si elle n'avait pas cette arme pour la soutenir, la France serait renversée. Van, tu appartiens toi aussi à ce parti, c'est pourquoi tu dois prier sans cesse pour la France. A cette condition, tu pourras me voir donner à la France *un sourire*. »

8 septembre 1946 : amour sans limite

2 septembre 1945 : Hô Chi Minh proclame l'indépendance du Vietnam. C'est le début d'une guerre sans fin entre la France et les Viet-Minh communistes.

C'est sur ce fond de guerilla que Van va effectuer son noviciat en prenant l'habit le 8 septembre 1945. Un an plus tard, il a la joie de faire profession le même jour que Thérèse : le 8 septembre 1946, fête de la Nativité de Marie. Toute la journée, il exprime son bonheur d'être au Christ :

> «Jésus, mon ami, mon frère, que tu es beau ! Et *cette beauté* me plonge dans le silence !... Je ne peux exprimer mon amour *que par mes regards* et *les battements de mon cœur*... Jésus, je peux t'appeler désormais l'Epoux de mon âme... et je sens au fond de mon cœur une joie débordante, un amour *sans limite*...»

Quelle proximité d'âme entre Van et sa petite sœur. Thérèse n'écrivait-elle pas le 8 septembre 1890, jour de sa profession :

> «Jésus, que je ne cherche et ne trouve jamais que *toi seul*... Jésus, je ne te demande que la paix, et aussi l'amour, l'amour infini *sans limite* autre que toi... L'amour qui ne soit plus moi mais toi mon Jésus... Que pour toi, je meure martyr, le martyre du cœur ou du corps, ou plutôt tous les deux...»

Comme Thérèse, Van va lui aussi se sentir fasciné par le «tout» du martyre :

> «Durant toute l'année de mon noviciat, la question de Jésus à ses apôtres me poursuivait : «Petit frère, si

tu m'aimes, auras-tu la force de boire avec moi *le calice d'amertume?* » Et durant tout ce temps, il m'exhorta à souffrir et à me sacrifier avec joie! Ainsi donc, il me faut monter avec Jésus jusqu'au sommet du calvaire et y endurer la mort en union avec Lui... Je ne mourrai pas d'un excès de bonheur, mais plutôt après avoir répandu mes sueurs et épuisé la dernière goutte de mon sang... Oh! Quand se réalisera *cette vision lointaine* dont j'ai soif maintenant comme un homme rendu à bout de souffle?... »

Van vivra ses propres paroles. Dix ans plus tard, c'est par une lente agonie qu'il suivra Jésus jusqu'au bout de l'Amour...

« Jésus me laissa seul dans la nuit... »

Van n'oubliera jamais ce lendemain de profession où tout a basculé vers «l'éclatante beauté de la Croix». Ce 9 septembre, il se retrouve *triste et seul*, avec au fond de lui, l'immense nostalgie du ciel. Une dernière fois, pourtant, Jésus lui parle:

«Mon enfant, par amour pour les hommes, offre-toi avec moi pour qu'ils soient sauvés. Ta part à toi, maintenant, c'est de *sacrifier* les moments de douce intimité avec moi, *pour me permettre* d'aller à la recherche des pécheurs...

Ensuite, mon petit Van, sache que tu auras à souffrir de la part des supérieurs et des frères; mais ces épreuves seront *le signe* que tu es agréable à mon cœur. Je te mendie toutes ces souffrances pour t'unir à moi dans l'œuvre de sanctification des prêtres afin que, selon

> leur vocation, ils travaillent avec ardeur *au règne de l'Amour* dans le cœur des hommes... »

Avec ces ultimes recommandations, une page est tournée :

> « Après ces paroles, Jésus me laissa *seul* dans la nuit. »

Van va entrer maintenant dans une nouvelle nuit de la foi. Comme il le décrit lui-même : « Son âme est devenue comme *une fleur enfouie* dans la solitude et l'aridité du désert. » Tout le côté sensible a complètement disparu et il ne reste plus à vivre que la « monotonie du sacrifice » dans une foi pure et dure. Ah ! si le ciel pouvait se fendre quelques instants ! Mais non, il faut avancer dans la nuit. Dieu se tait, mais son silence est regard...

Plus que jamais, il va s'appuyer sur son père spirituel. C'est *son étoile dans la nuit* [13]. Il en a un besoin impérieux car Dieu va le travailler de fond en comble par des épreuves quotidiennes. Pourquoi à nouveau tant de souffrances ? Léon Bloy répondrait : « L'homme a *des endroits de son pauvre cœur* qui n'existent pas encore et où la douleur entre afin qu'ils soient ». C'est vrai. L'amour ne nous laissera jamais tranquille. C'est *comme un feu* qui attaque la bûche jusqu'à ce qu'elle devienne feu.

---

13. « Jésus m'a enseigné à mettre *toute ma confiance en vous*, mon Père, qu'il appelait « La Consolation » et aussi « l'amour qu'il laissait à côté de moi »... Quelle grâce d'avoir été remis par le Bon Dieu entre les mains d'un homme tel que vous... » (Van parle du Père Antonio Boucher, qui fut son Maître des Novices et père spirituel).

7 février 1950, Van s'envole pour Saïgon par un avion d'Air-France. Il laisse derrrière lui sa chère maison d'Hanoï. Le Père Recteur est un peu surpris de le voir pleurer comme un enfant. Mais ce sacrifice, petit en soi, lui seul en sait la portée. A Saïgon, il remplit plusieurs services dont celui d'aide à la taillerie.

En mars 1952, il est envoyé à Dalat pour un stage de six mois, au terme duquel il prononce ses vœux perpétuels. Il est désigné alors comme premier responsable de la taillerie. Durant ces années, notre Van imite de près saint Joseph ouvrier: prière, silence, travail manuel, lecture spirituelle... Pourtant, de faible constitution et vite épuisé, il a toujours une certaine appréhension pour tout effort musculaire. Il avouera à son Maître des Novices: «Je trouve tout travail difficile». Cependant, les témoignages sont là: «Les jours de lavage, rapporte son Père-Maître, je l'ai vu plus d'une fois les larmes aux yeux, mais mettant toute sa bonne volonté à faire son travail, s'efforçant de sourire en dépit de la fatigue».

A Saïgon, son supérieur dira simplement de lui: «Un bon frère, plutôt discret, appliqué au travail et assidû à la prière». Oui, effacé notre frère Marcel en ces années silencieuses qui le préparent à l'ultime témoignage. Il faut se cacher *très profond* au cœur de Dieu pour n'avoir *plus peur* de l'enfer, pour n'avoir *plus peur* de souffrir. En avril 1950, il écrit à sa petite sœur Anne-Marie Tê:

> «Quand tu souffres, ne laisse pas ton visage s'assombrir. Tu connais aussi les aventures de ma vie: comme *un pétale détaché* emporté par le vent dans toutes les directions, j'ai connu la souffrance, l'amertume, l'humiliation, les traitements inhumains; j'ai connu tout

> cela. Et maintenant, quand je regarde en arrière, je me trouve heureux, car c'est par grâce spéciale de Dieu, que j'ai pu souffrir à ce point. Ainsi donc, je ne considère plus tout cela comme des souffrances, mais comme une grande joie...»

On comprend, dès lors, qu'il ait pu écrire un an plus tard :

> «Plus j'avance... plus je vois que la sainteté c'est une vie où il faut *changer la tristesse en joie!*»

Pas facile le programme! Et pourtant, Van vivra la parole de son Maître : «Votre joie, nul ne vous l'enlèvera» (Jn 16, 22). Car désormais, il n'a *plus peur* de souffrir. Et dans une lettre admirable *à un enfant*, il a comme un pressentiment de son holocauste futur :

> «Mon cher petit Nghi... être poignardé par un athée, avoir le corps transpercé d'une balle, rendre le dernier soupir dans l'isolement, c'est là une dernière parole, *un dernier baiser...* Un regard d'adieu de l'amour, qui prend congé du corps pour s'envoler avec l'âme et s'unir à l'Amour infini de Jésus.
> Il se fait donc que l'Amour ne meurt pas! Et je considère que mon corps demeure jusqu'à la fin de ma vie un holocauste parfait. Parce que *l'Amour ne peut mourir*, il continue d'aimer sans aucune limite de temps. Oh! que ne puis-je mourir d'amour!...
> Aie confiance! Nghi! Se décourager, c'est faire *une tâche* sur le visage de Dieu... car on considère qu'il ne peut rien pour nous... Regarde bien et tu verras que *ceux-là seuls* qui se découragent et manquent de confiance en Dieu, en arrivent à tomber en enfer. Toutes les inquiétudes qui se présentent à notre esprit sont *comme la voix de Dieu* qui nous rappelle la néces-

sité de la prière et de la vraie confiance qui s'abandonne... »

Et Van conclut en un raccourci de sagesse :

« Voilà, j'ai tout dit !... Tout se résume dans « l'amour » et « la confiance ». Mets cela en pratique, et tu vivras *toujours* dans la paix. »

CINQUIEME PARTIE

L'AMOUR NE MEURT PAS

(1954-1959)

« *Au dessus des nuages*
Le ciel est toujours bleu. »
Thérèse de Lisieux, poésie 52.

« *Que je me souvienne du ténébreux tunnel*
Pour voir, O Splendeur,
S'ouvrir la porte...
Comme la fleur tisse en secret
Son chemin de lumière. »
Yi Hae Inn

7 mai 1954 : chute de Dien Bien Phu. Après cinquante-six jours de résistance, les militaires français s'inclinent sous la pression Viet-Minh. Conséquence : les accords de Genève de juillet 1954. Le Vietnam est coupé en deux. Le Nord tombe sous le règne communiste et c'est l'exode massif et rapide de la population vers le Sud. Van, lui va s'envoler vers le Nord...

L'envol pour Hanoï et l'arrestation

14 septembre 1954 : fête de la Sainte Croix. Van s'envole de Saïgon par un avion d'Air-France. Une dernière fois, il va survoler son pays féérique pour retrouver son cher Hanoï, capitale du nouvel Etat communiste. Il s'est porté volontaire pour rejoindre la communauté réduite (trois prêtres et un frère) qui va continuer à desservir la paroisse de Notre-Dame du Perpétuel Secours. Des fidèles ont choisi de rester sous ce régime à haut risque...

Après quelques semaines, il nous dit ce qu'il voit et ce qu'il vit en écrivant à sa petite sœur Anne-Marie Tê. L'étau communiste se resserre :

> « Hanoï est aujourd'hui entièrement sous la domination communiste. Apparemment, ils sont très affables... cependant, leur intention secrète n'échappe pas aux chrétiens solides dans leur foi...
> Ils ont la certitude qu'après avoir pris le pouvoir, les communistes vont appliquer leur politique anti-religieuse...
> Encore aujourd'hui, il y a des milliers et des milliers de personnes qui quittent la zone communiste pour se réfugier vers le Sud... Ils sont bien décidés à mourir plutôt que d'avoir à vivre sous la botte communiste.
> En les voyant, je pense aussi à nous... Souvent, quand je regarde la vie isolée que je mène ici, je me compare à un prisonnier. Sans doute, où qu'on soit, cette terre est partout un lieu d'exil ; toutefois, il y a des lieux d'exil où l'on peut jouir d'une certaine liberté... Mais ici... O Mon Dieu !...
> Bien souvent, je suis accablé de tristesse, et je ne fais que penser : Ah ! si je n'étais pas venu à Hanoï... Mais il y avait *tellement d'insistance* dans la voix de Jésus ! Et pour cela, j'accepte de tout cœur de mourir pour consoler un peu le Cœur de mon Bien-Aimé... Prie beaucoup, petite sœur, pour m'obtenir *le courage de tout endurer* jusqu'à la fin... Je me tiens toujours prêt à être amené les yeux bandés dans un endroit secret, pour y être *mis à mort*...»

Il souffre, notre Van... Mais rien, ni personne ne le fera revenir sur sa décision ; pas même son supérieur qui, devant les menaces grandissantes, lui propose librement de repartir vers le Sud. Il sait au plus profond de lui-même que Jésus le veut ici. Avant de s'envoler vers Hanoï, il connaissait sa mission :

> « J'y vais pour qu'il y ait quelqu'un qui aime le Bon Dieu *au milieu* des communistes. »

Oui, aimer, aimer... d'instant en instant et jusqu'au dernier souffle de vie : aimer en traversant l'enfer. Tout commence un samedi de mai 1955. Le 7 exactement, où il est envoyé faire le marché. Il doit aussi aller chercher une mobylette en réparation.

> « Dans la rue, il entend avec agacement les propos de gens — étaient-ils des mouchards ? — qui déblatèrent contre le gouvernement du Sud. A les en croire, le peuple était mis aux travaux forcés, les jeunes étaient conscrits au service de l'Impérialisme, etc. Outré de ces grossières allégations, notre Marcel croit bon d'intervenir sur un ton assuré en même temps que poli :
> « Moi, j'arrive du Sud et le gouvernement n'a jamais agi de la sorte ! »

Silence des *agents provocateurs*, un signe simplement à un employé qui s'esquive et prend la rue. Comme le frère Marcel sortait à son tour sur la mobylette, des agents survenant l'interpellent et le conduisent au bureau de la Sûreté. Il y est interrogé... [1]. Durant de longs jours, les agents se succèdent de sept heures à minuit pour des interrogatoires insidieux... Ils s'acharnent pour lui arracher des aveux ou l'infléchir dans le sens du pouvoir : on l'accuse d'avoir une relation avec une jeune fille de la Sûreté. On le « raisonne » pour

---

1. Charles Boldu, *Frère Marcel Van*, p. 105.

qu'il l'épouse. Il dément et refuse! On fait pression pour qu'il s'adjoigne aux «catholiques patriotes et amis de la paix» (inféodés au pouvoir). Il résiste! Ainsi débute *la lente agonie* de notre Van. Dans l'écrasant été tonkinois, il se retrouve seul, à 27 ans, au fond d'un cachot obscur.

L'Amour: un bonheur indestructible

Après cinq mois de cachot, Van est transféré à la prison centrale de Hanoï. Enfermé avec les «réactionnaires», dont bien des catholiques et des prêtres, il peut tout de même recevoir quelques visites de ses frères. Fin novembre 1955, un jeune homme libéré rapporta, cachés dans le col de son habit, plusieurs billets du Frère Marcel. Il y rapporte ses terribles épreuves et son inflexible détermination. A son supérieur:

> «Si je voulais vivre, ce me serait facile: je n'aurais qu'à vous accuser. Mais soyez sans crainte, *jamais je n'y consentirai...* Je résisterai jusqu'à la mort.»

A son père spirituel:

> «Dans les derniers mois, j'ai dû lutter de toutes mes forces et endurer tous les supplices du *lavage de cerveau...* L'ennemi a employé bien des ruses pour me forcer à capituler, mais je n'ai admis *aucune lâcheté*. Je puis avouer que si j'avais désiré vivre, je ne serais plus aujourd'hui enfermé en prison. Mais l'ennemi ne veut plus que je meure d'une mort héroïque, ce qui me serait *si facile*. Vous comprenez ce que je veux

« Je vais à Hanoï pour qu'il y ait quelqu'un qui aime le Bon Dieu au milieu des communistes… » (Van)

dire... Priez beaucoup pour moi. Priez en particulier pour les fidèles du Nord-Vietnam...»

Enfin, à sa petite sœur Anne-Marie Tê, alors novice chez les moniales rédemptoristines au Canada:

> «Dans la prison comme dans l'Amour de Jésus, rien ne peut m'enlever *l'arme de l'amour*. Aucune affliction n'est capable d'effacer *le sourire bienveillant* que je laisse paraître sur mon visage amaigri. Et pour qui la caresse de mon sourire, si ce n'est pour Jésus, le Bien-Aimé?
> Après avoir été enfermé cinq mois dans une cellule obscure, que les gens appellent «San lim», il m'a été donné de sortir dans le camp extérieur mieux aéré... Plusieurs prêtres sont détenus avec moi, mais maintenant, on les a tous dispersés en d'autres régions, et j'ignore ce qu'ils sont devenus.»

Van donne ensuite des nouvelles beaucoup plus inquiétantes sur sa personne. Dans ce petit billet clandestin, griffonné à la hâte, il va droit à l'essentiel:

> «Quant à moi, je ne suis plus aujourd'hui *qu'un cadavre qui respire*. Je suis très faible, et pourtant, je ne suis pas au bout de mes peines morales; le calice d'amertume est encore plein et combien d'autres misères que je ne puis mesurer. Cependant, il me reste l'amour, et avec l'amour *une volonté héroïque*. Je suis *la victime de l'amour* et l'amour est tout mon bonheur: *un bonheur indestructible...*
> Anne-Marie, ma petite sœur chérie, ne pleure pas... Si Dieu veut profiter de cette occasion pour m'amener au ciel avant toi, il ne faut pas t'en attrister, mais exulter de joie...»

Enfin, dans un dernier adieu plein de tendresse, il se tourne vers les siens :

> « Je te prie de communiquer ces nouvelles à papa et maman, et de le faire habilement, pour ne pas les attrister. J'envoie mes salutations à papa, à maman, à la famille...
> Je te dirai le reste au ciel. Prie beaucoup pour moi, afin que j'aie le courage de lutter avec ardeur jusqu'au bout. L'ennemi est méchant... il peut détruire mon corps, mais il ne peut ébranler *ma volonté*. Aussi, Jésus nous dit de n'avoir pas peur. Petite sœur, je t'embrasse et te souhaite d'aller toujours de l'avant. »

Juillet 1956, Van subit de nouveaux interrogatoires et comparaît deux fois devant le tribunal de Hanoï. A chaque fois, un millier de chrétiens « bons progressistes » furent invités. Cela fait penser aux récents événements de Chine. Un pouvoir totalitaire trouve toujours des *figurants* pour justifier ses crimes [2]. Mais personne n'oubliera le petit étudiant qui stoppa les blindés sur la place Tien An Men de Pékin... Il est mort. *L'image reste...*

Van est aussi seul que lui en cet instant contre une lourde machine judiciaire. D'après des témoignages, il semblait *calme et maître de lui*, répondant avec à propos aux questions du juge. Quand il répondait trop bien, les gardes le faisaient taire... Toute l'accusation portait sur ceci : « Avoir fait de la propagande pour le Président du Sud-Vietnam ». Pour le juge, ce crime était « pardon-

---

2. Le 5 décembre 1952, Van a cette prière étonnante : « Seigneur, je me livre à toi comme victime... pour la République de Chine. Je te prie de me donner désormais une plus grande part aux injures que les communistes chinois lancent contre toi et ceux qui t'aiment. »

nable». Si Van l'avouait, il serait libre... Mais il riposta :

> «Pardonnable ou pas, peu importe, ce qui compte c'est *d'avoir commis le crime ou pas*. Je n'avouerai jamais un crime que je n'ai pas commis!... »

A la deuxième séance, devant son obstination, la sentence tombe : quinze ans de réclusion dans un camp! Les gardes emmènent Van vers son destin. La justice a terminé. La rééducation commence...

« L'homme inépuisable »

Van est transféré au camp N°1 de Mo Chen à quelque 50 kilomètres de Hanoï. C'est un camp de rééducation où l'on épuise peu à peu toute résistance. Dans ce goulag où croupissent 2000 détenus, deux cimetières tout près témoignent du «sérieux de l'entreprise». A son arrivée, il trouve un frère trappiste, une religieuse Amante de la Croix et des centaines de catholiques. Dans une lettre au Père Paquette, il décrit la situation :

> «On vient de me transférer au camp de Mo Chen. J'en remercie le Bon Dieu de tout cœur. Ici, j'ai le bonheur de vivre avec beaucoup de catholiques. Dieu merci, nous nous portons assez bien. Tous les catholiques détenus ici sont *très fermes dans la foi*... Actuellement, la plupart sont dépourvus de tout ; tous les biens des familles ont été confisqués et des familles entières sont en prison. Il y en a dont toute la famille est partie vers le sud ; ils restent seuls et sans soutien. Moi-même,

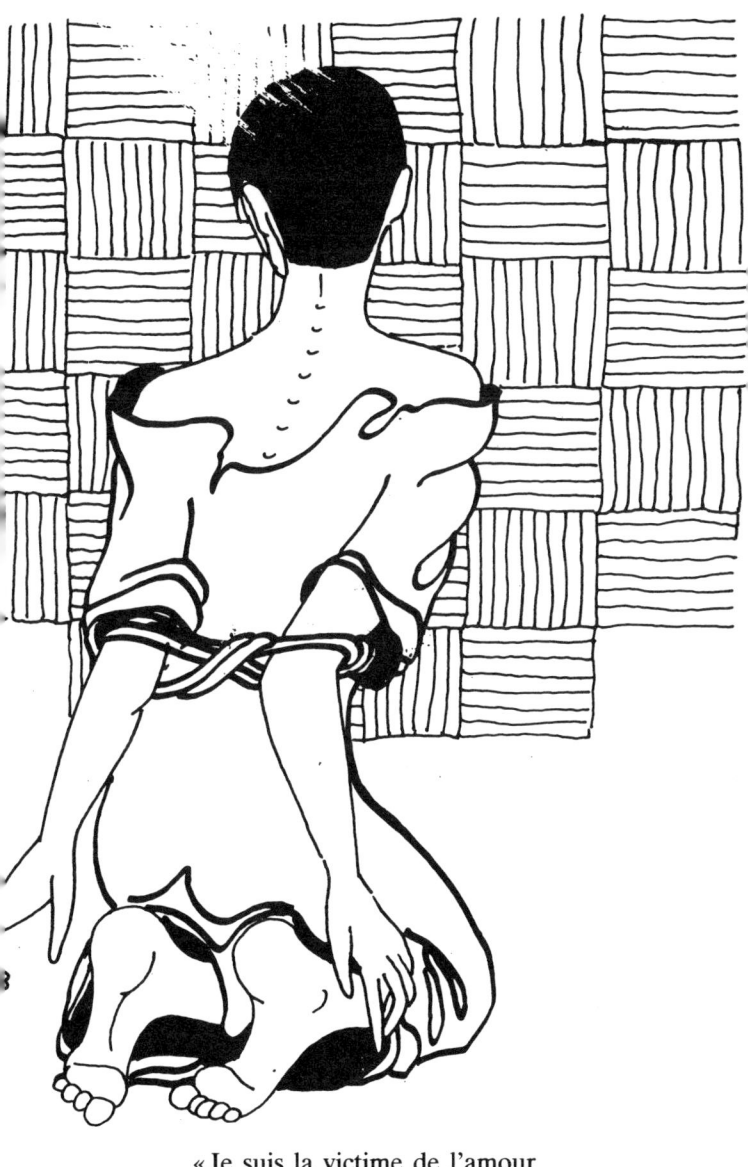

« Je suis la victime de l'amour
et l'amour est tout mon bonheur,
un bonheur indestructible… » (Van)

> je suis à bout de ressources. La somme d'argent que vous m'avez envoyée, je l'ai toute distribuée... »

Van évoque ensuite tout son ministère d'écoute et de consolation. Le «bonheur indestructible» dont il vit... il se met à le transmettre heure après heure :

> «Depuis mon arrivée au camp de Mo Chen, je suis très occupé comme l'est un *petit curé de paroisse*. En dehors des heures de travail obligatoire, je dois continuellement accueillir les gens qui viennent les uns après les autres chercher du réconfort auprès de moi. *Tous viennent* à moi, pensant que je suis *un homme inépuisable*. Ils voient bien que je suis fragile comme eux, mais où peuvent-ils aller chercher consolation ? Alors, il faut bien que je me donne... »

Oui, Van est faible, fragile mais habité par Quelqu'un. Il est une *«fragilité habitée»* par la présence du Christ. C'est désormais Lui qui vit en son cœur... Lui qui souffre et obéit... Lui qui aime à travers sa vie. Jésus l'emporte dans le grand courant de son amour sauveur.

Dans cette ultime lettre, Van ne pense plus qu'à Jésus et aux autres. Il est entré dans la plénitude du double commandement d'amour :

> «Dieu lui-même m'a fait savoir que j'accomplis sa volonté. Bien des fois, je lui ai demandé la faveur de mourir dans ce camp, mais chaque fois, il m'a répondu : je suis prêt à suivre ta volonté comme tu suis toujours la mienne, mais il y a les âmes qui ont encore *besoin de toi*; sans toi, il me serait impossible d'arriver jusqu'à elles. Alors, qu'en penses-tu mon enfant ?...
>
> «Seigneur, c'est à toi d'y penser pour moi. »

« Ils m'appelaient l'homme inépuisable » (Van)

Alors, Van se met à demander dans la lettre une grande quantité d'aspirine et de quinine, des fortifiants, des médailles, des chapelets... Il veut soulager et les corps et les cœurs. Mais surtout, il attend l'Amour en personne :

> « Je désire une vingtaine d'hosties bien enveloppées. Je m'arrangerai pour les distribuer aux chrétiens. Nous avons faim de l'aliment divin. »

Ainsi, *l'apôtre caché de l'Amour* répand l'amour à profusion...

10 juillet 1959 : naissance d'une étoile

Août 1957, Van est transféré au camp N°2 de Yen Binh, à 150 km au nord-ouest de Hanoï. Après une tentative d'évasion pour aller chercher des hosties consacrées dans un village voisin, il est repris sans y être parvenu, battu et enfermé dans un cachot malsain pendant deux ans. Tout se durcit et se referme autour de lui. Un agent communiste déclare à un de ses frères venu le visiter : « Le nommé Van ne fait aucun progrès (dans sa rééducation...), le chef du camp ne permet plus que vous le visitiez ! » Plus de visites, plus de courrier... et début 1958, il passe trois mois dans les fers. L'enfant terrible de Dieu est seul... il n'a plus ni appui, ni lumière, excepté celle qui brille *cachée dans son cœur.*

Juin 1959, il est tiré de son cachot dans un état lamentable. Rongé par la tuberculose et le béri-béri, il n'a plus que la peau sur les os. L'infirmerie s'étant écroulée, on le relègue dans un dortoir de soixante personnes. Parmi elles, bien des catholiques dont le Père Vinh, vicaire général du diocèse de Hanoï. Croyants et incroyants sont *bouleversés* par sa souffrance et son courage. Ils l'aident de leur mieux, mais décharné, Van ne peut plus ni manger, ni dormir... Couché sur le côté, il survit trois semaines dans cette lente agonie.

Le vendredi 10 juillet, vers 10 heures, le petit frère du Crucifié se mit à gémir... Le Père Vinh, au travail, accourut. Van entrait dans sa dernière agonie. Le prêtre l'accompagna de sa prière et lui donna l'absolution. A midi, il rendit le dernier soupir... L'enfant tombait dans les bras du Père. Pour toujours.

EPILOGUE

Un siècle avant et au même âge que Van, 31 ans, le Bienheureux Théophane Vénard versait son sang au Nord-Vietnam. Autre époque. Autre martyre. La persécution évolue... L'une violente et directe, s'attaque brutalement au corps. L'autre, plus lente et psychologique, veut comme détruire l'âme. La longue agonie de Van en témoigne... Mais dans les deux hommes, la même espérance inépuisable, la même puissance d'amour qui traverse la mort...

Dans une dernière lettre à son évêque, Théophane signait en raccourci: «Le petit enfant Ven». Il aurait souri s'il avait su que «le petit enfant Van» suivrait un jour ses traces... Et entre le petit Ven et le petit Van: Thérèse, la petite, qui avait rêvé de finir sa vie et au Vietnam et en martyre. Ne devait-elle pas partir pour le Carmel de Hanoï? Et voici que Van, son petit frère, réalise son rêve en plein milieu de ce XXe siècle athée, pour lequel elle a donné sa vie... Dieu dit des choses mystérieuses dans le cœur des enfants...

Il est un proverbe vietnamien qui dit: «On ne peut demander à un nain de cueillir les étoiles». Van le savait. Et à force de fixer le soleil, il est devenu une étoile:

« Je ne regarde ni au loin
   ni près de moi,
Je ne regarde que Celui
   que mon cœur aime...
... et parce que je l'aime
tout en moi n'est plus qu'Amour... »

   Van, je regarde ta vie, et je sais maintenant :
        l'Amour ne peut mourir...

TEMOIGNAGES DE JEUNES SUR VAN

*« Van, pour sauver
notre Occident suicidaire...
que se lève à ta suite
une armée de jeunes témoins
de l'Amour...
Alors, pour eux, l'amour
sera un bonheur
que rien ne peut détruire!... »*

Daniel-Ange

C'est l'heure des tout-petits!

Marie-Michel,

Merci de nous donner d'entrer dans la vie de cet enfant, apôtre de l'amour. «C'est ta puissance qui se déploie *dans la faiblesse* lorsque tu donnes à *des êtres fragiles* de te rendre témoignage...» Ainsi prie l'Eglise lorsqu'Elle célèbre la messe des martyrs.

N'est-ce pas là toute la vie de Van? Van est cet enfant fragile qui va laisser éclater en lui *la puissance de la miséricorde*. Van est l'un de ces petits à qui le Père va révéler son Cœur. Van est ce pauvre de cœur qui a fait confiance en Dieu jusqu'au bout... Jusque dans la souffrance... Oui, merci pour ce livre car nous avons besoin de connaître ces témoins qui ne «crânent» pas, qui ne font pas la Une de nos journaux, mais qui sont vrais.

Aujourd'hui, je sais que la vie vaut la peine d'être vécue dans et pour l'amour. Je sais aussi que l'amour nous emporte *bien plus loin* que l'on aurait imaginé.

L'amour nous pousse à une confiance qui nous submerge et met notre cœur *au large*: «La miséricorde du Bon Dieu est comme un *torrent qui déborde*: elle emporte tout sur son passage.» (St Curé d'Ars). Sur ce chemin de l'amour, Van est pour moi un petit frère. Il me murmure: «confiance, l'amour ne mourra jamais!»

Van est pour moi *un saint*, c'est-à-dire, un pécheur qui chaque jour a *osé espérer* contre toute espérance. A la suite de Thérèse, il est un petit pour lequel Jésus a béni son Père. Alors, je me pose la question: notre génération n'est-elle pas *appelée* à faire tressaillir de joie Jésus, Notre Sauveur, afin que, sous l'action de l'Esprit-Saint, il proclame en la regardant: «Je te bénis, Père, Seigneur du ciel et de la terre, d'avoir caché cela aux sages et aux savants, et de l'avoir révélé aux tout-petits» (Mt 11, 25).

Oui, c'est l'heure des tout-petits! Ceux qui me connaissent vont sourire... Combien de fois ai-je dit cela. Aujourd'hui, je le dis encore avec *plus de force* car je vois s'ouvrir devant nous *l'ère de la sainteté des faibles*, des fragiles, des tout-petits... Je vois éclater la puissance de la Miséricorde là où l'on ne l'attendait plus.

«L'abîme appelle l'abîme» dit le psalmiste. Oui, l'abîme de notre misère appelle l'abîme infini de la Miséricorde. Et la Miséricorde appelle *notre confiance*. Après quelques années de chemin à la suite de Jésus, j'en suis là... Mon cœur est *assoiffé d'amour*... Avec toute ma génération que j'aime, bien souvent je crie dans la nuit: «par les entrailles de ta maternité, aie pitié de moi Seigneur! Car je sais que ton amour pour moi est comme celui d'une mère...» (Paul Claudel).

Nous sommes tous à la recherche de l'amour. Il y a

quelques années, Daniel Balavoine chantait: «Qu'est-ce qui pourrait *sauver l'amour*?», puis il ajoutait: «Où est le sauveur?» L'amour seul peut sauver l'amour. Le sauveur?... C'est lui qui est à notre recherche: «Je chercherai la brebis perdue, dit le Seigneur, je ramènerai celle qui est égarée, je panserai celle qui est blessée, je fortifierai celle qui est malade» (Ez 34, 15-16).

Nous laisserons-nous rejoindre par l'unique Sauveur: Jésus? Il a visité toute mort, vidé tous nos «enfers» et ses traits sont ceux d'un amour infini qui *prend sur lui* le poids de nos pires agonies...

Jean-Michel, 22 ans.

Une assurance-Vie: l'Amour indestructible

La vie de Van que nous venons de découvrir par ce livre est un *hymne à l'amour*.

Hymne «joué» et «chanté» par toutes les fibres de son cœur et de son corps. Ce corps qui s'est abandonné entre les mains de l'Ennemi pour mieux offrir son cœur à l'Amour vrai qui est infini.

Oui, ainsi «l'Amour ne peut mourir». De générations en générations, Il se perpétue dans le cœur de ceux qui se laissent guider par Lui, dans le cœur de ceux qui veulent bien le recevoir, dans le cœur des faibles, des petits et des enfants.

«Je te bénis, Père, d'avoir caché cela aux sages et aux puissants, et de l'avoir révélé aux petits.»

Van, petit enfant du Levant, d'une extrême sensibilité, ballotté par les vicissitudes de la vie, a mené jusqu'au bout *le combat de l'amour par la confiance*.

Déjà, tout petit, il avait dans le cœur le «désir du Ciel». Les premiers mots que lui apprend sa mère sont les noms de Jésus et de Marie... Ainsi, très tôt, Jésus avait une place de Roi dans le cœur de cet enfant de lumière. Depuis longtemps, la faiblesse et la pauvreté de Van ont fasciné Jésus. Depuis longtemps, il l'avait choisi pour être son « petit apôtre de l'amour caché ».

A ceux qui savent Le recevoir, Jésus n'enlève pas « la meilleure part ». De même Marie à Béthanie aux pieds du Seigneur : « ... Marie a choisi la meilleure part, elle ne lui sera pas enlevée » (Lc 10, 42), de même Van, tout petit et tout faible dans son Vietnam natal, reçoit tout de son Seigneur. Quoi de plus merveilleux pour Jésus que de venir faire « ses délices » dans le cœur d'un enfant ? Et parce que le Seigneur donne en abondance, il offre à Van la présence de Petite Thérèse tout au long de sa vie.

Thérèse, « mère et sœur des enfants blessés », elle qui a trouvé et vécu « la petite voie » qui mène au grand et bel Amour, est chargée par le Seigneur d'être *« l'ange gardien »* de Van. Elle lui apprend le secret de la vie : « garder son cœur d'enfant, vivre la confiance dans l'amour quelles que soient les difficultés quotidiennes ». A travers la vie de Van, elle réalise son rêve de petite carmélite : « être martyre en Extrême-Orient ».

Aidé par sa sœur Thérèse, Van a su recevoir l'Amour tel qu'Il voulait se donner à lui.

Accueillir et recevoir Jésus dans nos vies est un privilège. Van l'a bien compris, lui qui dit, alors qu'il est en prison à Hanoï : « Toutes ces souffrances sont ma joie maintenant, et je suis très heureux ». Cela me fait penser à Saint Paul qui dit à ses frères : « Je trouve la joie dans les souffrances que je supporte pour vous, car ce qu'il reste à souffrir des épreuves du Christ, je l'accomplis dans ma propre chair, pour son corps qui est l'Eglise » (Col 1, 24).

Ce qui me frappe aussi dans la vie de Van, c'est *l'extrême simplicité familière* des entretiens et dialogues qu'il a eus avec Jésus, Marie et Thérèse. Cette simplicité de la part du «Ciel» abolit *l'image* que nous avons parfois de Dieu et des Saints : des êtres qui sont loins de nous, cachés quelque part dans le ciel, nous dirigeant comme des P.D.G. Par tout ce que nous rapporte Van, nous voyons que le Seigneur se fait tout proche de nous, qu'Il ne veut qu'une chose : l'amour de nos cœurs.

Van a dit un jour : «Il ne me sera possible de quitter ma mère, que le jour où j'aurai trouvé pour la vie une très sûre garantie».

Cette garantie, il l'a trouvée. Elle a un nom : «L'Amour indestructible de Jésus». Et auprès de Lui, il a pris *une assurance-vie*, à «sang pour sang»; et le capital de cet assurance-vie est :

«L'amour ne peut mourir!»

Marie, 29 ans.

Van, l'enfant de Thérèse

C'est Thérèse que Dieu *a choisi* pour Van. Voici qu'il a eu la joie et le privilège d'entendre sa voix et de se laisser guider par elle. Plus qu'une sœur, c'est *une petite mère*, elle l'enfante à la vie dans l'amour...

Ce qui me frappe, c'est cette *présence cachée* de Thérèse dans la vie de Van, avant même la première rencontre; premier clin d'œil: la grâce de Noël.

Noël 1886, Thérèse devient adulte. Jésus la revêt des armes de l'amour. Elle commence une «course de géant».

Noël 1940, Van reçoit une grâce similaire où Jésus le rend «fort et courageux» en le revêtant de ses armes. C'est ainsi qu'il dira vers la fin de sa vie, en pleine souffrance: «Rien ne peut m'enlever *l'arme de l'amour.*» Il a découvert le secret de Thérèse: Aimer.

Comme Thérèse, Van comprend que «la vraie, la seule beauté, c'est la sainteté.» Devenir un saint... sacrée aventure! N'est-ce pas une utopie complète?

Pas du tout! Au cœur de la petite voie, Van découvre que la Sainteté ne réside pas dans les grandes actions mais dans la fidélité au quotidien. Pas facile! Pourtant, il sait, parce qu'il le vit, que «le plus petit mouvement de pur amour est *plus utile* à l'Eglise que toutes les œuvres réunies sans l'amour». Avec Thérèse, il comprend que sans l'amour, il n'y a rien...

Van a vécu aussi *une confiance audacieuse* en Dieu par les mains de Thérèse... Jusqu'à accepter de ne pas marcher vers le sacerdoce. Une phrase de sa petite sœur a résonné au fond de son cœur pour toujours: «C'est la confiance et *rien que la confiance* qui doit nous conduire à l'amour». C'est l'abandon total à la volonté du Père... Van, enfant blessé, enfant de la Miséricorde apprend à vivre la miséricorde... Pour lui, Thérèse est une vraie maman, à tel point qu'elle s'occupe de lui dans les moindres détails, les choses les plus élémentaires de la vie. Ce sont ces *«petits rien»* qui vont en faire un «apôtre de l'amour», vivant la petite voie au nom d'une multitude d'âmes.

Pour Van, cette intimité avec Thérèse, tous ces secrets, sont vécus concrètement. Il met tout en pratique au milieu de ses frères et lui aussi comprend que «la charité ne doit point *rester enfermée* au fond du cœur!» Encore bien d'autres petits détails montreraient cette fidélité de Thérèse dans la vie de Van. Je crois qu'il est *une réponse de Dieu* à l'appel de Thérèse: «... Jésus, je te supplie d'abaisser ton regard divin sur un grand nombre de petites âmes... Je te supplie de choisir une légion de petites victimes dignes de ton amour.»

Quelle joie pour moi de te partager *ce cadeau si précieux* dont m'a comblée Jésus: ce cadeau, c'est Thérèse! Une petite sœur et une petite mère pour moi depuis qu'elle est entrée dans ma vie. Tout simplement, je l'ai découverte au moyen d'un livre et pour la première fois, j'ai compris que *l'amour au quotidien* existait! Etre heureux... et tous les jours, c'est possible! C'est vrai que cela a changé toute ma vie! Mais te dire que la petite voie de Thérèse est *la solution standard*, facile et sans problème face à l'amour... ce serait faux! Car c'est un combat à mener au quotidien où les armes que tu revêts sont confiance, miséricorde, abandon!... Tout un programme!...

Surtout, Thérèse m'a appris à vivre chaque jour comme une chose unique; pas de routine, mais profiter de chaque instant pour *me laisser rejoindre* un peu plus par Jésus. Ne pas craindre de tomber!

J'en ai pris des routes, pas toujours claires, pas toujours nettes; c'est avec *beaucoup de patience* que Thérèse a su m'enseigner qu'il ne fallait compter que sur la Miséricorde et j'ai envie de te dire comme elle: «Aussi, maintenant je me résigne à me voir imparfaite et j'y trouve ma joie!...»; Jésus a confiance en moi comme il a confiance en toi!...

Thérèse m'a aussi montré que «sans l'amour, toutes les œuvres ne sont que néant». Alors, j'essaie de m'appliquer à faire toutes *les petites choses* avec amour et gratuitement. Faire plaisir à Jésus, voilà la source de la joie!...

Sache aussi que par mille petits détails, Thérèse signe sa présence: images reçues, personnes rencontrées, lettres... parfois même, avec *plein d'humour*! Voilà peu de temps, je parlais avec un évêque de mon vécu au cours de mon année à l'école «Jeunesse-Lumière». Je n'avais rien dit de ma proximité avec Thérèse, et il me dit soudain: «En t'écoutant, je pense à sainte Thérèse de Lisieux!» Surprise et joie, la petite n'était pas loin...

Elle m'a tant aidée, accompagnée dans les moments

difficiles et j'ai découvert *qu'aimer la souffrance*, ce n'était pas fou ou maso. La souffrance vécue dans l'amour porte des fruits étonnants. Et puis être toujours certaine avec Thérèse que même lorsque tout est gris dans ma vie «par delà les nuages, le soleil brille *toujours.* »

Oui, je n'en finirai pas de te dire tout ce que je reçois de Thérèse... Comme Van, elle est ma petite sœur pour l'éternité. Elle ne cesse de m'accompagner vers les cœurs de Marie et Jésus. Grâce à elle, j'ai découvert aujourd'hui que «le Christ est mon Amour, Il est toute ma vie!...»

Muriel, 20 ans.

Van, mon petit frère chéri !

Oui, vraiment tu es mon petit frère et je suis ta petite sœur... Je bénis Dieu chaque jour d'avoir permis que nous nous rencontrions. Oh, Van, mon cher petit frère, où en serais-je aujourd'hui si je ne t'avais pas connu ! Ta présence me suit sans cesse, m'encourage, me relève, et change ma « tristesse en joie... » Thérèse t'avait montré le chemin du cœur de Dieu, et aujourd'hui, tu le fais pour moi. Oh Van, que je suis heureuse d'être ta petite sœur !

J'ai compris que l'amour est possible

Van, te souviens-tu de quelle façon tu es entré dans ma vie ? Moi, je ne suis pas prête de l'oublier ! C'est grâce à une cassette que j'ai entendu parler de toi et que j'ai découvert ton visage : à dire vrai, au début, ça ne m'avait pas touchée du tout, et cette première perche que tu me tendais, je l'avais repoussée parce que j'avais vu que tu avais beaucoup souffert ; et cela m'avait fait peur. Je n'avais rien compris et je me suis dépêchée de t'oublier... Pourtant, j'avais bien besoin d'un saint « selon mon cœur », sur qui je puisse prendre exemple. C'était la période de mon adolescence, et je subissais les changements de cet âge. En même temps, le ciel me semblait tellement loin de moi... Je commençais à étouffer dans cet état, la foi reçue de mes parents ne me suffisait plus et ma foi personnelle avait bien du mal à éclore. J'avais besoin d'une seconde naissance ! Cette seconde naissance, je l'ai reçue dans la confirmation par l'œuvre de l'Esprit Saint, mais aussi par toi, petit frère !

Ah, Van ! Tu es vraiment coquin ! Tu m'avais choisie comme petite sœur, et mes premières réactions par rapport à toi ne t'ont pas refroidi ! Oui, vraiment, tu as gardé au ciel ton caractère « d'enfant terrible » et tu as été plus têtu que moi ! Alors voilà qu'arrive entre mes mains *L'Amour ne peut mourir*... Et cette fois, j'ai été bouleversée par ta vie ! J'ai compris que l'Amour est possible, qu'il ne meurt pas, qu'il continue d'aimer sans aucune limite de temps ! J'ai compris que la sainteté ne consiste pas à avoir des vertus, à faire de grandes choses ; oh non ! Van ! Être saint, c'est devenir comme toi enfant de la Miséricorde, c'est-à-dire se reconnaître pauvre, tout petit, mais sauvé, infiniment ! C'est se laisser aimer au cœur même de sa misère... Oh, petit frère, j'ai compris en te regardant que l'unique moyen pour suivre cette voie, c'est cette confiance audacieuse du tout petit qui sait qu'il est aimé dans tout ce qu'il est, toujours... Van, sais-tu ce qui m'a le plus touchée ? C'est ta simplicité avec Jésus, ta liberté avec Lui. J'ai trouvé là la voie de l'épanouissement de ma foi. Et alors, à mon tour, je n'ai fait ni une ni deux : je t'ai demandé d'être mon petit frère. Je ne l'ai pas regretté un seul instant... Tout doucement, discrètement, comme tu sais si bien le faire, tu as pris les choses en mains. J'ai commencé à vivre de plus en plus dans l'intimité de Dieu, et peu à peu, sans que je m'en aperçoive, Il est devenu le centre et le sens de ma vie, le but de toutes mes actions... Et alors j'ai pu redire oui à son appel entendu il y a maintenant dix ans et dont je ne réalisais pas bien la profondeur.

Changer la tristesse en joie

Cher petit guide ! Tu sais si bien ce dont j'ai besoin ! Peu de temps après cette rencontre, j'entends parler d'un petit Carmel non loin de chez moi. Et voilà que Marie-Michel en est le fondateur. Je n'ai pas pu m'empêcher alors de penser à toi, petit frère ! J'y suis allée, et au fond de la chapelle, j'ai vu ta photo, et ton sourire malicieux... Depuis, j'y suis souvent retournée. J'ai découvert là-bas l'oraison, et j'y ai trouvé un père spirituel, deux choses qui aident tellement la foi à s'épanouir et l'amour à grandir !

Petit frère, aujourd'hui après ce temps de grâces, Jésus est parti se cacher, et c'est la nuit. Tu sais bien ce que c'est, toi, n'est-ce pas ? Puisque tu devais te faire « violence pour vivre » *(Lettre 58)*, toi dont l'espérance en Jésus était devenue « comme le désespoir du pécheur en enfer » *(Lettre 184)*... Au milieu de cette nuit, tu es à côté de moi, et tu murmures dans le cœur :

« La souffrance n'existe que pour l'amour » *(Lettre*

251), petite sœur... « Jésus est très habile à trouver des moyens de taquiner les âmes qui vivent dans son intimité. Il ne faut pas t'en attrister... Regarde-le de travers avec amour, et ajoute un sourire pour moi ! » *(Lettre 161)*. Petite sœur, rappelle-toi que « la sainteté, c'est une vie où il faut changer la tristesse en joie » *(Lettre 206)*, alors « réponds à la vie par des sourires ! » *(Lettre 251)*. « Que ta paix soit toujours de vivre toute petite, de t'appuyer sur Jésus à chacun de tes pas, sans soucis... » (poème : *Ma joie et ma paix*). « Porte ton regard sur le cœur de Dieu » *(Lettre 288)*, et rien alors ne pourra t'enlever « l'arme de l'amour » et « l'amour sera tout ton bonheur, un bonheur indestructible ! » *(Lettre 328)*.

Van, sais-tu à quoi je pense tout à coup ? Je pense à la fleur Thérèse et au pétale Van, et je me dis qu'il y manque un parfum, chose impalpable, cachée, qui se laisse porter où le vent souffle, qui attire vers la fleur tous les hommes, et qui réjouit le nez de Dieu... Van, je voudrais être ce parfum, parfum d'Amour et de miséricorde... Van, tu m'aideras à sentir bon, n'est-ce pas ? Je compte sur toi.

Petit frère, je t'aime beaucoup, et avant de m'arrêter, je t'envoie un baiser dans le cœur de Jésus. Et toi, tu m'en donnes un aussi, n'est-ce pas ?

Ta petite sœur Cécile,
étudiante.

ANNEXE 1

« Une heure à peine après que le frère Marcel eut expiré, les gardiens le firent ensevelir. Les chrétiens au complet demandèrent l'autorisation de l'accompagner jusqu'au lieu de l'inhumation, mais cela leur fut refusé. Seuls quatre d'entre eux purent porter le cercueil.

Témoignage du Père Denis Paquette
(supérieur du frère Marcel Van à Hanoï et expulsé du Vietnam le 23 octobre 1959)

« Le frère Marcel avait désiré être martyr. Dieu l'a exaucé. Comme à tant d'autres, morts entre les mains des Viet-Minh, nous pouvons à bon droit je pense, donner à notre frère Marcel le glorieux titre de martyr. C'est pour être fidèle à Dieu et à la Sainte Eglise qu'il a accepté de subir l'emprisonnement, les mauvais traitements et une mort tragique... Plus spécialement pendant les deux ans qu'il passa, malade et sans soin, dans un cachot, à attendre la mort. Là, l'occasion lui fut propice pour pratiquer *à un degré héroïque* les plus admirables vertus.

Que la mort du cher frère Marcel ne nous laisse pas *indifférents*. En même temps que nous prions pour le repos de son âme, invoquons-le comme un saint. Qu'il devienne notre modèle, que ses exemples soient toujours vivants devant nos yeux. Ils seront pour nous *un puissant stimulant* sur le chemin de l'amour et du sacrifice. »

Témoignage du Père Antonio Boucher
(Maître des novices et père spirituel de Van, vivant actuellement à Montréal, Canada)

«... Mes souvenirs! C'est tout ce qui a été écrit et vécu par le petit frère, et qu'il m'a communiqué la plupart du temps de vive-voix avant de le mettre par écrit.

Envoyé comme missionnaire au Vietnam en l'automne 1935, j'avais 28 ans. J'ai pu apprendre la langue suffisamment pour me débrouiller auprès des jeunes qui faisaient des études classiques en vue d'être admis plus tard au sacerdoce. Après dix ans d'enseignement, on me confie la charge du Maître des Novices (1942). En 1943, je recevais la première lettre du petit Van demandant son admission comme postulant.

Je considère comme l'une des plus précieuses faveurs de ma vie, celle d'avoir pu vivre 7 ans *à côté de ce tout petit* qui, grâce à Jésus, Marie, Thérèse et Alphonse m'a appris bien plus que je n'ai pu lui apprendre.

Ce qui m'a le plus frappé, c'est l'incroyable tendresse, l'incroyable familiarité de ces interlocuteurs célestes à l'égard de leur tout-petit. Témoin de *l'entière sincérité* et de la simplicité du petit Van, je ne puis douter de *la véracité* des paroles qui lui ont été dictées. J'avoue cependant que le « petit » n'était pas toujours facile à comprendre. Je trouve très juste la parole du vieux

Père Brébion qui le consolait, lorsqu'il a été chassé de la cure de Quang-Uyên : « Il n'y a que Dieu qui soit *capable* de te comprendre. »

J'aurais aimé terminer bien avant la traduction des écrits du Frère Marcel, mais j'ai toujours été empêché par d'autres obligations depuis mon retour du Vietnam en 1964. Le travail que vous avez entrepris est pour moi *un grand encouragement* à continuer la part que le Seigneur attend de moi : une traduction complète des écrits du petit frère, dans le but de le faire connaître et prier, en vue de l'introduction de sa cause à Rome, quand le moment sera venu.

Je vous signale aussi que j'ai fait lire le texte vietnamien de Van dans deux carmels au Canada où il y a des sœurs vietnamiennes. Cette lecture a eu d'excellents résultats. Après la comparution de vos deux livres, je prévois qu'une traduction pourra être faite en vietnamien sur votre texte. C'est très attendu des Vietnamiens... »

(lettre au Père Marie-Michel)

«... Je souhaiterais que *les Carmels de France* et d'ailleurs soient renseignés sur le *rôle* qu'a joué la petite Thérèse, dans la vie de celui qu'elle prenait pour son petit frère, d'une façon si aimable et qu'elle a accompagné toute sa vie avec tant de familiarité, surtout dans les moments les plus critiques.

Pour avoir suivi pas à pas le cheminement du petit frère, durant plus de cinq ans que j'ai vécu à ses côtés et les années que j'ai correspondu avec lui, je ne puis mettre en doute *la réalité des interventions de Thérèse* dans sa vie dès l'âge de 12 ans, et de l'entière sincérité du *« petit secrétaire de Jésus »*...

(lettre au Père Jean-Marie Gonin)

ANNEXE 2

La petite Li...

Un jour, au fin fond de la Chine, les gardes rouges rassemblèrent toute la communauté chrétienne dans l'église du village. Ils se mirent à saccager le tabernacle, jetant à terre sous le regard épouvanté des chrétiens, toutes les hosties consacrées.

Ces faits se passaient il y a quelques années seulement, et ils nous ont été rapportés par un missionnaire : il avait pu se réfugier dans une petite sacristie, d'où il n'était pas question de sortir, à moins de provoquer la mort de tous ses frères chrétiens qui l'avaient caché là. Et c'est par une fente du mur que, complètement impuissant, il suivait ce qui se passait dans l'église.

Que faire d'autre dans cette situation, sinon supplier le Seigneur que ces hosties ne restent pas atrocement profanées ?

Un soir, le prêtre fut surpris par un bruit dans l'église : par la fente, il aperçut Li, une fillette de dix ans qu'il avait eue au catéchisme. Malgré l'interdiction formelle des gardes rouges de revenir à l'église, Li s'était glissée discrètement jusque-là. Elle s'agenouilla, et communia en léchant le sol de sa langue. Mais, comme on lui avait appris qu'il ne fallait pas prendre plus d'une hostie à la fois, elle n'en consomma qu'une, ce soir-là. Et chaque jour, au risque de sa vie, elle revint pour communier afin de recevoir son Bien-Aimé.

Mais un milicien l'avait remarquée. Il la suivit jusqu'à l'église et lui tira une balle dans le dos... au moment où elle s'apprêtait à consommer la dernière hostie. Li eut juste le temps, dans un dernier mouvement d'avaler l'hostie. Puis elle s'écroula avec son Seigneur...

Li connaissait-elle son lointain frère de Rome, ce jeune Tarcisius, lui aussi tué en serrant le corps de Jésus sur sa poitrine comme le plus grand des trésors ?

Daniel-Ange

« L'inculturation réciproque »

Que signifie pour moi la canonisation de 117 martyrs du Vietnam ?

Personnellement je ressens une grande joie. Une joie profonde où la conscience nationale s'unit à ma foi catholique pour devenir une action de grâce. Le 19 juin 1988 est en effet un événement dans l'histoire de l'Eglise du Vietnam. C'est *la première fois qu'il y a des saints vietnamiens* dans le cortège de tous les saints. Ils ont partagé avec nous le même patrimoine culturel, la même histoire. Jean-Charles Cornay et Théophane Vénard en acceptant de mourir sur la terre du Vietnam, en s'unissant au peuple vietnamien, nous montrent *l'exemple d'une inculturation réciproque*. Pour les chrétiens au Vietnam, cette canonisation signifie un acte d'encouragement que Jean-Paul II fait en leur faveur.

L'Eglise du Vietnam a d'autant plus besoin de soutien de l'Eglise universelle qu'elle vit et témoigne dans un contexte difficile où la liberté religieuse n'est pas respectée, où les droits de l'homme sont ignorés.

Pour nous autres vietnamiens qui sommes en France, en Occident ou en Amérique, la canonisation du 19 juin est une grâce exceptionnelle. Elle rappelle notre baptême. Qu'avons-nous fait de notre baptême? En France depuis 9 ans, ma foi a été sans cesse mise à l'épreuve par de multiples changements. Ce qui me permet de garder ma foi en Dieu, c'est certainement *la mémoire de mes racines culturelles et religieuses*. Je crois avec fermeté que ma vocation n'est légitime que si elle s'enracine dans une Eglise particulière. Mon ancien professeur du séminaire, le Père Dagens, m'a toujours conseillé de sauvegarder ces racines. Je crois que je lui dois beaucoup.

Comme séminariste, je ressens fortement la nécessité de découvrir la mission que Dieu veut me confier à présent. Une mission liée à l'Eglise qui est en Poitou. Je désire aimer l'Eglise de France comme Jean-Charles et Théophane ont aimé l'Eglise du Vietnam.

La canonisation, ça donne du souffle!

Minh
Séminariste vietnamien
au diocèse de Poitiers.

ANNEXE 3

Par ma toute petitesse et mon impuissance sans limite, je veux chanter son amour à jamais !

La rencontre avec Van ? À travers la lecture du livre *L'Amour ne peut mourir.* C'est lui qui m'a rejoint, là où j'étais (sur la Côte d'Azur où je menais la vie d'artiste, vie en apparence réussie) et à un moment où mon goût pour l'absolu m'avait conduit jusqu'à l'absolu du vide, vide du sens, vide de l'amour, vide de l'espérance : le vide de l'enfer. Ayant lu le récit de l'agonie douloureuse du petit Van, signe de son amour passionné pour Jésus et pour les hommes, lui qui désirait tant mourir d'une mort qui soit un témoignage rendu à l'Amour, à Jésus, je découvrais que le mal et la souffrance ne sont pas une fatalité et que seul « l'Amour ne peut mourir ». Je n'étais pas condamné à mon destin. Et Van me montra le chemin de l'espérance, le chemin du don joyeux dans la souffrance, du « oui » à la venue de l'Amour dans ma vie. C'est ainsi que Van devint mon frère et mon ami et que sa présence, discrète et cachée, fut un fil conducteur, une main invisible qui me dirigea sûrement sur les sentiers de la Miséricorde.

La lecture de Van a été une révélation savoureuse, joyeuse, tendre et intime. Combien j'ai pleuré d'amour et d'espérance en lisant ces pages sur lui, combien, aussi, j'ai ri aux éclats ! Et comment ne pas avoir envie de s'engouffrer sur les pas du petit apôtre de l'amour ?... Surtout quand chaque mot, dans sa bouche nous dit : « C'est pour toi, cette voie que je pratique avant toi... tu vois, c'est fou et inouï, et c'est possible..., c'est au-delà de ce que tu avais imaginé... et je suis là pour marcher avec toi, sur ces mêmes pas de la confiance et de l'amour. »

Van me montrait que Dieu existait vraiment comme une personne et que, par l'aspect concret d'un vrai dialogue, je pouvais être proche, en vérité, de lui, et que ce Dieu n'attendait que cela : être à mes côtés, pour vivre avec moi une relation immédiate d'amour infini. Dieu avait pour nom *Amour*, avec un A majuscule. C'était pour moi une révolution, une espérance folle. Je devenais petit frère de Jésus, et mon âme, l'épouse du Christ ! Si Dieu existait, alors Dieu, c'était cela ! Croire que Jésus m'aimait à ce point : rire avec Jésus, parler avec Jésus, jouer à cache-cache avec lui, être espiègle avec Jésus... qui, lui-même, est espiègle, tout faire : le ménage, cuisiner des bons petits plats, travailler, se promener, aimer, avec Jésus. Croire que j'avais le pouvoir de fasciner Jésus, moi ! : « Par un simple regard jeté sur ton Amour je puis te fasciner, t'éblouir... L'Amour me connaît... » (Van).

C'était fou, car c'était comme si j'explorais la lune ! Le bonheur existait, le bonheur était possible, le bonheur voulait se communiquer à moi, c'était la paix elle-même qui voulait se donner et demeurer chez moi, c'était Jésus. Dieu sur la terre, Dieu dans ma vie, ma chair, mon amour. Dieu qui mendiait mon amour ! Le monde à l'envers !

Brandir l'épée de la miséricorde

Puis le temps a passé, j'ai un peu oublié Van, mais au plus profond de mes secrets intimes, il était là, caché, petit frère bien-aimé.

Deux ans plus tard, en août 1992, je suis allé à Lourdes pour participer bénévolement au spectacle de Daniel Facérias : *Marie*. Je voulais servir la Vierge Marie ! Et là, à Lourdes, pendant ce mois et demi passé dans le sanctuaire, s'est nouée une très belle amitié avec un autre bénévole, François, dans une grande communion spirituelle. Un jour, au cours d'une promenade, voilà qu'il se met à me parler, très naturellement, de Van, comme s'il était évident que je le connaissais. Or, Van était encore très peu connu à l'époque et je fus stupéfait par les paroles de François. Il me livrait son intimité avec Van, avec Jésus, avec une naïveté enfantine qui me sidérait, tout ce qu'il me disait de lui-même, c'était comme s'il le disait de moi. Il avait connu la même révolution intérieure et il en vivait, avec une soif de plus en plus grande. Nous étions unis dans la prière et dans l'amour de Marie. Nous avions un peu le même rapport avec Jésus, simple, fraternel et direct, joyeux et joueur. C'était le même mystère de la grâce déposée en nos âmes, le même mystère d'amour de l'enfance, le même désir d'aimer l'Amour et de le faire aimer, le même élan de confiance en l'Amour, le même désir d'être un petit apôtre caché, avec Van et Thérèse, et de sauver les âmes.

François, qui habitait l'île Maurice, repartit le 4 septembre pour son île. Le lendemain, samedi 5, j'allais prier devant le Saint Sacrement exposé. Voici ce que j'écrivis à François pour lui raconter ce qui se passa alors : « Le lendemain de ton départ, je m'arrêtais à la rotonde I pour visiter Jésus-Hostie et me confier à lui... Je le priais de prendre soin de toi... Je lui offrais notre rencontre... Soudain une voix " qui pensait " en moi, me dit de fonder une congrégation avec toi : la congrégation des " parleurs à Jésus ", une communauté qui vivrait de la spiritualité de Van, dans l'intimité simple et fraternelle, joyeuse, de Jésus et de Marie, (tout faire avec lui, jouer à cache-cache, rire, lui parler et l'écouter...) pour rendre Jésus proche et vivant parmi les hommes, pour qu'il soit de plus en plus connu et aimé comme lui-même désire être connu et aimé, ouvrir les yeux des hommes sur le fait qu'il est présent au plus intime de leur vie et qu'ils ne s'en rendent pas compte, et qu'il n'est qu'amour, tendresse et miséricorde. »

Je repoussais cette idée qui me semblait folle et farfelue, mais c'était impossible, et j'avais une très grande joie en moi. Or, je ne me voyais vraiment pas créer une congrégation, n'étant ni prêtre, ni religieux, ni consacré et... qui étais-je pour cela ? En plus, à l'époque, ma vie chrétienne était timorée et j'avais plutôt honte de témoigner, l'Église me répugnait et m'effrayait. Bien que de plus en plus attiré intérieurement, je commençais à percevoir que, peut-être, Dieu m'appelait à la vie consacrée.

Je nous voyais partager cette vie, cet idéal, avec d'autres, hommes et femmes, enfants, couples, frères, sœurs, prêtres, l'incarner et l'enseigner.

Je voyais aussi ma sœur Claire et son mari, Jean-

Pascal, comme membres de cette communauté ! Une fois sorti de la rotonde, je marchais d'un pas allègre, poussé réellement par une force qui n'était pas la mienne, joyeuse. Je marchais avec des ailes, et c'était comme si quelqu'un me portait. Il y avait du travail pour tout le monde. On avait une énergie d'apôtre, nous étions des samouraï à l'œuvre du Seigneur. On s'affairait comme dans un « Camp du drap d'or ». Tel un chevalier, je brandissais une épée invisible, non pas celle du combat, mais celle de la victoire, je disais : « En garde, on arrive, et rien ne nous résistera ! Convertissez-vous ! » Je mimais cela sur le chemin de la Grotte, je me souviens que j'étais devant le pont qui traverse le Gave, ça devait être comique, d'autant plus que j'étais seul !

Cette épée de la victoire, c'était en fait l'épée de la Miséricorde, et je comprends maintenant que cette bataille, c'est la mission. Brandir l'épée de la victoire, ce n'était pas pour combattre dans le sens où il y aurait eu combat avec comme issue possible la défaite, c'était au-delà, et c'était pour annoncer, pour manifester la victoire, déjà acquise, réelle, du Christ dans les âmes, dans le monde, pour inviter ces âmes à recevoir leur héritage et à en vivre.

Cette parole était tombée comme un cheveu sur la soupe et pourtant c'était clair, ça ne provenait pas de mon imagination et ça ne voulait pas disparaître. J'étais dans la joie et la paix, bien que le mot congrégation me fit peur... Quelque chose était venu en moi pour y demeurer.

Mais ce n'est pas tout. Un mois plus tard, je découvrais par hasard, dans le livre qui regroupe la correspondance de Van, *L'enfant de l'aurore,* ce qui suit, à la page 20 : « Et quand il rêve de fonder une communauté contemplative et apostolique, elle s'appellera *" La Vierge Missionnaire "» (Lettre 198).* Lettre que je lus aussitôt, et où Van expose à son père spirituel l'intention de Jésus concernant cette communauté. Cette lecture m'a bouleversé, car, lorsque j'ai entendu cette parole de fonder une nouvelle congrégation, je ne connaissais pas ce projet de la « Vierge Missionnaire ». Ce que j'avais entendu était donc possible ! Je me suis aussitôt renseigné : cette communauté n'existait pas.

La Vierge Missionnaire

Le temps passa, et deux ans plus tard, en août 1994 j'appris par ma sœur Claire qu'une communauté de sœurs était en train de naître, fondée par le Père Marie-Michel et Sœur Ingrid : le carmel Saint-Élie – Sainte-Thérèse-de-l'Enfant-Jésus, nouvelle pousse du Carmel, contemplative et missionnaire, sous la maternité de la Petite Thérèse et où l'on priait Van ! Le rapprochement est pour moi immédiat et je suis habité d'une joie extraordinaire pendant plusieurs mois. Le 1er octobre suivant, je soumets à mon père spirituel la coïncidence entre le carmel Élie-Thérèse, la Vierge Missionnaire et mon appel personnel reçu à Lourdes. Il est alors décidé que je rencontre Marie-Michel (que je ne connaissais pas). Ce que je fais, en décembre, à Montpellier, au couvent des carmes, où je passe quelques jours, entre la fête de l'Immaculée Conception et celle de saint Jean de la Croix.

Je m'ouvre à Marie-Michel : « Une fondation de frères est-elle en projet, est-elle possible ? » Ce n'est pas exclu mais je suis apparemment le premier à le manifester de cette façon. Il est convenu que je vienne visiter la jeune communauté, ce que je ne peux faire qu'à Pâques suivant. Je passe alors la Semaine sainte à Beaufort, auprès de ce petit carmel Élie-Thérèse, mais je repars de là décontenancé et dans l'épreuve de la nuit spirituelle.

Entre-temps, trois laïcs cheminent avec la communauté et, après discernement, s'y rattachent. C'est la naissance d'une communion où familles et célibataires vont vivre de cette spiritualité contemplative et missionnaire au cœur du monde. Tous les deux mois, ils viennent se ressourcer à la communauté... Deux de ces trois laïcs fondateurs sont ma sœur Claire et son mari Jean-Pascal, ceux-là même que j'avais vu dans cette communauté des " Parleurs à Jésus " !

En décembre suivant, pour l'Immaculée Conception, je reviens à Beaufort. Je n'avais pas donné de mes nouvelles depuis Pâques précédent, tant j'avais été plongé dans la nuit et dérouté intérieurement, car je ne savais plus rien du tout de ma vocation. Cette fois-ci, les choses prennent forme : un autre frère s'est présenté... L'évidence s'impose. Et c'est ainsi que six mois plus tard, en mai 1995, je quittais Monaco où je vivais, pour le petit carmel de Beaufort, en vue de préparer la fondation éventuelle des frères d'Élie-Thérèse, tout à l'écoute de l'Esprit Saint et de l'Église. Je commençais alors des études de philosophie en vue du sacerdoce, auprès de la communauté Saint-Jean.

Cette fondation était-elle la *Communauté de la Vierge Missionnaire ?*... « Oui » et « Non », et la réponse ne fut claire qu'en février 1997. Ayant des racines dans la réalité Élie-Thérèse, la Vierge Missionnaire devait cependant s'en distinguer pour devenir une réalité autre.

Deux événements essentiels et décisifs marquèrent le cheminement des frères durant l'année 1996-1997 : l'appel à une vie semi-érémitique, reçu à la Toussaint 1996, dans une proximité plus grande avec l'intuition initiale du carmel, appel à une solitude vécue en communion fraternelle à la suite d'Élie et dont le cœur est le mystère de Marie. Et l'appel très net à vivre cette réalité de la Vierge Missionnaire, reçu lors de la fête de la Présentation de Jésus au Temple, le 2 février 1997.

Le charisme que nous découvrons à travers la Vierge Missionnaire nous enracine dans cette tradition carmélitaine primitive, Van décrivant lui-même cette religieuse dans son programme intérieur comme ne différant en rien de celui d'une carmélite *(Lettre 198)*. Cet appel s'inscrit dans une continuité profonde avec la réalité Élie-Thérèse, mais s'en distingue cependant avec une nouvelle lumière, toute mariale, celle des mystères joyeux, en particulier ceux de l'Annonciation et de la Visitation : contemplatifs *en* et *avec* Marie, nous serons missionnaires *en* et *avec* Marie, et une place éminente sera donnée à Van qui, aux côtés d'Élie notre père et de Thérèse notre mère, sera notre petit frère, notre guide et notre inspirateur. Il nous accompagnera et nous éduquera sur le chemin de la sainteté, à la suite du Christ, et nous aurons à cœur de poursuivre sa mission qui s'inscrit directement dans celle de Thérèse : « Au ciel, je te donnerai pour mission d'aider ta grande sœur Thérèse à inspirer au monde la confiance en mon amour » *(Dialogue avec Jésus)*.

On peut dire que cette communauté carmélitaine de la Vierge Missionnaire est vraiment née lors des Premières vêpres des Rameaux 1997 avec l'entrée au postulat de frère Stéphane. Étant trois : le père Marie-Michel, frère Stéphane et moi-même, nous devenions communauté.

L'étape suivante, quatre jours plus tard, fut des plus importantes : notre « naissance en Église » lors de notre première sortie communautaire, à l'occasion de l'ouverture (à Ars) du procès informatif diocésain en vue de la cause de béatification de Van. Là, nous avons expérimenté que nous formions un corps et que ce corps était déjà sous le signe de la Vierge Missionnaire.

Trois jours après Pâques, nous nous envolions tous les trois à destination du Québec, invités dans le cadre de l'année thérésienne pour une mission d'évangélisation de trois semaines. C'était aussi avec Van que nous partions pour cette mission qui fut d'une extrême importance pour notre communauté naissante, et qui nous a très largement confirmés dans notre voie.

L'enjeu de notre mission n'est-il pas de travailler à la réalisation du désir de Jésus qui est « l'expansion du règne de son amour », œuvre à laquelle Jésus a demandé à Van lui-même de travailler, par le moyen de sa petite voie : « Plus tard, tu verras, j'aurai toute une armée de petits apôtres de mon amour et tout ce que je leur enseignerai, ce sera de m'aimer comme tu m'aimes toi-même... » *(Dialogue avec Jésus)*.

Enfin, au cours de cette même année 1997-1998, trois jeunes sœurs désireuses de partager cet appel se sont jointes aux frères et la *Communion des Laïcs* a rejoint le nouveau projet, celui du carmel de Marie, Vierge missionnaire. Ainsi, notre communauté est comme un lys à plusieurs pétales dont le désir est de former une véritable famille mariale, carmélitaine, thérésienne et vannienne au service du Christ et de son Église. Depuis, un groupe de jeunes que nous avions accompagné aux JMJ de Paris chemine avec la communauté, en vue d'approfondir sa foi et sa vie de prière, de se former et d'évangéliser : une *Communion-Jeunes* vient d'éclore.

« *Par ma petitessse et mon impuissance sans limite...* »

Telle est notre vocation : suivre Jésus avec Marie, dans la terre du Carmel, vivre avec Thérèse et Van leur consécration à l'Esprit à travers leur « Acte d'offrande à l'Amour miséricordieux ». Être miséricordié par l'offrande de tout nous-mêmes, dans notre pauvreté radicale et dans le désir de la Croix, pour être, qu'il soit visible ou caché, Amour au cœur de l'Église et de l'univers.

Je n'oserais pas prononcer ces paroles si audacieuses, si je ne les disais pas avec notre chère maman du ciel, l'Immaculée. Car, pour dire la vérité, nous ne sommes capables de rien, tout juste d'un frêle désir, mais nous voulons nous tenir fermes dans l'espérance et la « confiance sans limite en Jésus » : être donnés, « eucharistiés » au cœur du monde, en offrant notre pauvreté pour attirer ce feu de l'Amour miséricordieux ! Quel mystère...

Frère Pierre,
carmel de la Vierge Missionnaire.

Témoignage d'Anne de Blaÿ
(Présidente de l'association *Les amis de Van*)

À 12 ans, je voulais devenir missionnaire en Asie. Sans bien savoir ce qu'était la consécration religieuse, je sentais en moi un appel à donner ma vie à Dieu au service des pauvres. Je percevais déjà qu'il ne peut y avoir de frontières à l'amour, je voulais ignorer les obstacles à la charité et je trouvais ma vocation dans l'appel pressant du Seigneur à construire l'unité des enfants de Dieu.

La période troublée des années 60-70 orientait ma vie tout autrement. J'apprenais le japonais, je devenais démographe, je voyageais beaucoup en Asie, je travaillais... et j'eus cinq enfants que j'élevais simplement, en conservant des activités essentiellement paroissiales mais aussi des temps de prière et de formation. Je découvrais l'adoration eucharistique au Sacré-Cœur de Montmartre, le Renouveau charismatique, les Foyers de Charité, les pèlerinages et les couvents de contemplatifs.

Après vingt ans de « Nazareth », alors que je participais activement aux week-ends du « Bon Larron » organisés par le Père Aubry avec toutes sortes de témoins du monde carcéral, j'eus la surprise d'entendre le témoignage d'un séminariste vietnamien de 55 ans que sa nièce, en France depuis vingt ans, avait réussi à faire sortir du Viêt-nam, récemment rouvert, pour le faire soigner. Il avait été arrêté en quatrième année de théologie et comme il avait refusé de se marier pour rester fidèle à sa vocation, on l'avait envoyé dans un camp de rééducation où il était resté dix ans, dont trois ans dans un cachot, enchaîné au mur... Il avait été libéré à la suite des accords de Paris, en 1974. Ressorti de prison aveugle, il était réduit à la mendicité. C'est dans cet état que sa nièce l'avait trouvé, en 1988, et qu'elle avait pu le faire venir en France après plus d'un an de démarches. Il avait été opéré des yeux et avait retrouvé la vue.

Tout son témoignage était construit autour de la foi qui lui avait permis de tenir et de soutenir ses frères prisonniers avec lui. Il est venu me percuter au plus profond de mon être : la situation de l'Église du Viêt-nam venait réveiller cette part de moi-même à jamais ancrée en Asie, et la détresse des séminaristes clandestins dans l'impossibilité de réaliser leur vocation me rejoignait dans l'importance qu'a toujours revêtue pour moi la vie consacrée.

J'ai donc commencé à partager la vie missionnaire de Joseph dans les différents témoignages qu'il donnait pour toutes sortes de communautés et de groupes. Il savait toucher le cœur de ceux qui l'écoutaient et il recevait des dons importants pour son diocèse du Viêt-nam. C'est à ce moment qu'a germé en moi l'idée de faire une association pour aider les séminaristes qui attendaient, comme Joseph, l'autorisation du gouvernement pour être ordonnés par leur évêque, et d'aider tous les diocèses du Viêt-nam en commençant par les plus pauvres, ceux qui n'avaient personne à l'étranger pour témoigner en leur faveur, ceux qui n'avaient plus d'évêques, ceux qui, n'étant pas au bord de la mer, n'avaient pas l'apport des *boat people* parvenus à l'étranger.

Au même moment, le Père Marie-Michel, carme, publiait au Sarment-Fayard l'autobiographie d'un jeune frère rédemptoriste inconnu, mort au Viêt-nam en 1959, à l'âge de 31 ans. Joseph m'avait donné ce livre qu'il n'avait pas le temps de lire, quant à moi, ni sa couverture ni son titre (*L'amour ne peut mourir*) ne m'attiraient suffisamment pour que j'entreprenne sa lecture. Je l'avais donc rangé... en attendant.

Quelques jours plus tard, j'étais « clouée » dans mon lit avec un blocage de la colonne vertébrale. Cela m'arrivait deux ou trois fois par an et, malgré des soins appropriés, je restais handicapée plusieurs jours. Ne pouvant absolument rien faire, j'avais décidé de lire et mon choix s'était tout naturellement porté sur Van puisque c'était le jour de la fête des Saints Innocents.

Dès les premières pages, j'étais tellement bouleversée par ma lecture que je ne savais que pleurer. Tout me rejoignait et venait me toucher, comme si le cœur de Van était inclus dans le mien et le mien dans le sien.

Ma lecture était déjà bien avancée quand j'ai perçu en moi une motion intérieure très forte qui me disait : « Tu peux te lever, tu n'as plus rien. » J'ai tout d'abord ignoré cet appel. Pourtant j'avais souvent vu avec le Père Tardif des signes de cet ordre : mon dernier fils avait bénéficié dans les mêmes conditions d'une guérison d'une forte astigmatie, dans un rassemblement à Orléans, quelques mois plus tôt. J'avais plus de difficultés à croire quand j'étais moi-même directement en cause ! En fait, j'étais sous l'emprise d'une double peur : celle de me faire mal en me relevant si rien n'avait changé et celle de m'être trompée dans mon discernement au sujet de la motion intérieure que je croyais venir de Dieu. Mais en même temps, je ne pouvais supporter l'idée que le Seigneur me fasse un si grand cadeau, qu'il ne pourrait m'offrir si je refusais de le recevoir. Après un combat intérieur qui devait durer quelque temps, je décidais de croire que Dieu peut faire cela, pour moi aussi, dans sa tendresse. Je me levais, je n'avais plus rien... je n'ai plus jamais rien eu jusqu'à ce jour.

Une des craintes plus subtile encore dont je faisais l'expérience dans ce combat tenait au fait que j'avais bien compris que cet événement était comme une « annonciation » où le Seigneur me proposait d'accueillir, non pas seulement une guérison par Van, mais Van lui-même. Il m'offrait de l'enfanter pour le monde aujourd'hui, uniquement dans la confiance, sans savoir jusqu'où je devrais aller dans l'amour et l'abandon, mais sans me cacher qu'on n'approche pas Van sans être brûlé à son tour au feu de l'amour qui n'a pas d'autre issue que le « martyre ».

L'association était née le 17 juillet 1991 et comme pour tout nouveau-né, il a fallu lui trouver un nom. J'étais encore dans l'émerveillement de ma rencontre avec Van et ceux que nous aidions lui ressemblaient tellement que j'ai pensé tout simplement que nous serions tous des « Amis de Van » quel que soit le pays d'origine ou l'état de vie. Le monde entier pourrait nous rejoindre.

Très vite, notre association est devenue internationale, elle a aidé jusqu'à ce jour environ 600 séminaristes répartis dans tous les diocèses. Certains ont pu rentrer officiellement au séminaire et d'autres ont été ordonnés. Au bout d'un an, nous recevions une reconnaissance pontificale comme « association privée de fidèles ».

Le nom de l'association attirait l'attention sur Van. Certains avaient entendu dire que son procès de béatification était engagé mais, même au Canada, on avait très peu de précisions. À Rome, on m'avait conseillé de rapatrier la Cause en France puisque c'est surtout là que Van jouissait d'une grande réputation de sainteté. À la demande de Mgr Valois (Canada) et du Père Provincial des Rédemptoristes, j'ai cherché (pas longtemps !) un évêque en France et il m'a semblé qu'Ars serait un bon lieu pour accueillir Van, cet enfant tout donné au Seigneur pour réaliser son projet de devenir prêtre... et qui avait de nombreux points communs avec saint Jean-Marie Vianney.

Le 26 mars 1997, Mercredi saint, s'est officiellement ouverte à Ars l'enquête diocésaine en vue du procès de béatification de Marcel Van.

Au début de l'année 1993, j'ai eu le sentiment qu'il fallait faire une neuvaine à Van sans bien savoir pourquoi ni sous quelle forme. J'ai choisi une prière de Van pour le Viêt-nam et pour la paix, qui n'avait rien d'extraordinaire... à première vue. À la Pentecôte 1993, nous avons diffusé la neuvaine dans onze langues – dont deux, des montagnards du Viêt-nam. Au cours de mes voyages au Viêt-nam, j'avais été touchée par la détresse de ces populations qui avaient été évangélisées depuis peu et qui n'avaient pas eu le temps d'avoir leur clergé. Les prêtres vietnamiens n'avaient pas le droit de les rencontrer... Seule une radio pouvait les rejoindre. Bien que nous n'ayons aucun moyen, ni financier, ni technique, j'avais la certitude que la foi peut tout obtenir... et quelques mois plus tard, avec l'aide d'un missionnaire OMI, dix millions de Hmongs répartis sur la Chine, le Nord-Viêt-nam et le Laos, recevaient une émission quotidienne d'évangélisation, à partir de Manille, aux Philippines.

La brèche que le message de Van produit dans les cœurs nous apporte quotidiennement des témoignages de conversion, de guérisons du cœur et du corps, des choix de vocation. Si bien que le livre : *L'amour ne peut mourir* est déjà traduit dans six langues et il a largement visité les cinq continents à travers une quarantaine de pays. Je me demande parfois comment il a pu se faufiler auprès d'une carmélite dans la brousse en Inde, chez des camilliens du Burkina Faso, au Foyer de Charité de Taiwan, chez les rédemptoristes d'Aparecida au Brésil, en Colombie, dans un séminaire du Honduras, en Nouvelle Zélande, en Australie... Si Van intéresse tous les pays, il intéresse aussi toutes les congrégations religieuses de quelque tradition qu'elles soient : les carmes par son lien avec Thérèse, les dominicains pour la qualité de sa théologie, toutes les communautés nouvelles quel que soit leur charisme propre.

De jour en jour, je découvre l'importance de Van à notre époque, non seulement par la réflexion théologique qu'il suscite dans ses conversations avec Jésus, Marie et Thérèse, mais à travers son application à vivre selon la petite voie, à la suite de sa « grande sœur Thérèse ». Par sa vocation de rédemptoriste, il rejoint notre Saint-Père dont le pontificat est tout orienté vers le Rédempteur à travers des lettres et encycliques qui portent son nom, à travers « l'année du Rédempteur » et « le millénaire du Rédempteur ». Van comme apôtre des prêtres, apôtre des familles et surtout des jeunes en difficulté, voilà le cœur de l'espérance de Jean Paul II ; et Van, proposé comme confesseur de la foi plutôt que comme martyr, voilà une consolation et un signe prophétique pour l'Asie qui, sans aucun doute, sera le centre du monde pour le troisième millénaire. Van serait le premier confesseur pour toute l'Asie !

Van avait écrit : « Mon âme est mère... » Déjà on peut voir avec quelles patience, délicatesse et justesse il enfante les personnes et les communautés. J'ai eu la grâce de voir naître et grandir le « Carmel de la Vierge Missionnaire » que Van avait vu et décrit dans un regard prophétique. J'ai eu la joie d'accompagner le Père Marie-Michel qui l'a fondé avec les deux premiers frères, dans une mission d'évangélisation au Canada, en avril 1997. J'ai admiré la capacité de Van à rejoindre les cœurs, à les attirer vers la lumière, à les simplifier, à leur faire découvrir la petite voie de Thérèse.

Van a enfanté un autre carmel en Lituanie, avec ses particularités mais avec la même intuition de la contemplation d'où naît la mission. Van apparaît de plus en plus comme le « père », non pas d'une communauté mais d'une constellation de fondations qui viennent éclairer le ciel de l'Église universelle.

J'ai parfois le vertige quand je vois la grandeur de ce tout petit, la profondeur de ce religieux « insignifiant », la douceur de ce grand persécuté, l'abandon de l'enfant qui reçoit tout parce qu'il n'a rien, et je ne cesse de m'étonner et de m'émerveiller d'avoir croisé la route de ce petit Viêtnamien qui remue ciel et terre... parce qu'un jour, Jésus a exulté de joie en bénissant son Père d'avoir caché ces choses aux sages et aux savants et de les avoir révélées aux pauvres et aux petits.

NEUVAINE A VAN

Van, enfant-prophète,
  je me tourne vers toi
  devenu tout amour au Cœur de Dieu...

Van, petit frère,
  enfant opprimé et blessé par les hommes
  donne-moi le courage de la foi
  et la persévérance dans l'amour...

Van, vainqueur de la peur
  par la puissance de l'enfance
  fais-moi entrer dans le mystère
  de ton abandon au Père...

Van, petit frère de Thérèse,
  et apôtre caché de l'Amour
  enseigne-moi les secrets de l'Enfance spirituelle
  et du sacrifice caché...

Van, témoin inépuisable
  d'un amour indestructible
  tu sais par ta longue agonie
  ce qu'est l'angoisse de la faiblesse...
  sois avec moi, aide-moi...

*Je viens en ce jour me confier
    à ta prière puissante d'enfant béni
et d'apôtre universel.
    Regarde-moi, écoute-moi,
et accueille maintenant mes intentions... (silence)
    Dans le Cœur Immaculé de Marie,
je m'abandonne à la puissance de l'Esprit...*

*Enfant de lumière
    fais grandir en moi la confiance
    qui seule mène à l'Amour...
    et avec Thérèse, veille sur chaque instant
    de ma vie...*

Amen

La Cause de béatification de Van
a été introduite le 26 mars 1997,
dans le diocèse de Belley-Ars,
comme Confesseur de la foi.

Si vous avez un témoignage à donner,
si vous avez reçu une grâce par l'intercession de Van,
si vous avez des renseignements sur sa vie,
vous pouvez écrire à :

Les Amis de Van
35, rue Alain Chartier
75015 Paris
Tél. : (33) 01 48 56 22 88 – Fax : (33) 01 45 30 14 57
Adresse E-mail : amisdevan@aol.com

*

Si vous voulez approfondir la vie et la spiritualité de
Van,
vous pouvez écrire à :

Carmel de la Vierge Missionnaire
Notre-Dame de la Lumière
Route de Suze
26400 Beaufort-sur-Gervanne

TABLE DES MATIERES

PREFACE de Jean-Claude DIDELOT 9

INTRODUCTION : IIIe millénaire : une étoile se lève à l'Extrême-Orient 15

PROLOGUE
« Comme une fleur cachée au cœur de Dieu »

Un petit phénomène	23
Le mystère d'une fleur	25
Un enfant-lumière	26
Une vie gravée dans un cœur	28
Le pétale et la fleur	29

PREMIERE PARTIE
« Les années de Lumière » (1928-1935)

I — L'EVEIL A LA VIE (1928-1931)

Au cœur d'un peuple courageux	35
Le petit tonkinois	37
Né à l'ombre des bambous	38
Un enfant bien étrange	39

«Une mère si bonne»	40
Ces inoubliables soirées d'été	43
«Petit frère chasseur et bagarreur»	44

II — CLARTES DE DIEU (1931-1935)

«Ma sœur Lê et Notre-Dame des Fleurs»	47
Devenir un saint	49
Chez sa tante	50
L'enfant sur la colline	51
«Le saint de poche»	52
Un catéchisme éprouvant	53
«Demain, je peux communier!»	55
«La source enivrante de l'amour»	57
Une spontanéité étouffée	58
«Entendre Jésus»	60
Graine d'apôtre	63
Ecole ou goulag?	65
Bac-Ninh ou les lumières de la ville ...	67
Huu-Bang: le tournant d'une vie	70

DEUXIEME PARTIE
«Dure vie» (1935-1940)

I — UN ENFANT DE LUMIERE OPPRIME (1935-1939)

Une lampe trop brillante	77
Vinh, le maître impitoyable	78
«Devant le tribunal populaire»	80
Une blessure intérieure	82
Dix doigts pour Marie	84
Van, l'enfant oublié	85

L'enfant exploité	86
L'enfant aux mains vides	89
Sauvé par une veuve	91

II — FUIR POUR VIVRE (1940)

Offert pour les prêtres	95
L'offensive contre les jeunes filles	97
Première fuite manquée : Van chassé ..	99
Nouvelle fuite et retour à Huu-Bang ..	102
La fuite réussie	104
Van, l'enfant de nulle part	107
Le petit révolutionnaire	110
Vendu comme un esclave	112
L'enfant de la rue	114
Le grand retour : Hanoï, Huu-Bang, Ngam-Giao	115
Au bout de l'enfer	117

TROISIEME PARTIE
Puissance de l'enfance (1940-1942)

I — RESISTER POUR AIMER (1940-1941)

Noël : « cadeau de l'amour »	121
Pour Marie : « Procession nouveau genre »	123
Victoire sur la peur : avec Dieu à Huu-Bang	125
Naissance d'un guerrier de 12 ans	127
« Les anges de la résistance »	130
« Chien de Van »	134
Agent de liaisons dangereuses	136
Les lettres d'amour contrefaites	138

II — UNE MYSTERIEUSE PETITE SŒUR (1941-1942)

Au séminaire Sainte Thérèse de l'Enfant-Jésus	141
«Ne jamais mépriser les petites choses»	143
Au seuil d'une révélation	145
La découverte: une petite voie	146
«Thérèse, tu seras ma sœur!»	149
«Van, mon cher petit frère!»	152
Dieu est Père	153
«N'aie jamais peur de Dieu! Il ne sait qu'aimer»	155
«Aimer, c'est tout donner»	156
«Le propre de l'amour est de s'abaisser»	158
«La confiance n'est rien que la confiance»	160
«Je te donne un baiser!»	162
«Prier pour la France ou tuer les français?»	164
France-Vietnam: deux pays signes	167
Hiên, le premier frère spirituel	169
«L'apôtre caché de l'amour»	172
Devenir Carmélite?	175

QUATRIEME PARTIE
Un amour sans limite (1942-1954)

Un rêve: «mon enfant, veux-tu?»	179
Van sera rédemptoriste	181
«Je te chasse!»	183
«Souris et chante, petit frère!»	184

Une douloureuse attente	186
Une vie de rédempteur	188
Frère Marcel de l'Enfant-Jésus	191
Une vision d'apocalypse	193
Van sauve un franc-maçon	196
Regards sur l'avenir	199
Les enfants et les jeunes	203
Les prêtres	203
Les apôtres de Marie	204
La France et le Vietnam	208
8 septembre 1946: amour sans limite ...	212
«Jésus me laissa seul dans la nuit»	213

CINQUIEME PARTIE
L'amour ne meurt pas (1954-1959)

L'envol pour Hanoï	221
L'amour: un bonheur indestructible ...	224
«L'homme inépuisable»	228
10 juillet 1959: naissance d'une étoile... ..	232

EPILOGUE 235

TEMOIGNAGES DE JEUNES
Jean-Michel:
«C'est l'heure des tout-petits»	238
Marie: «Une assurance-vie: l'Amour indestructible»	241
Muriel: «Van, l'enfant de Thérèse» ...	244

Cécile : « Van, mon petit frère chéri ! » 248

ANNEXE 1
Témoignage du *Père Denis PAQUETTE*...... 253
Témoignage du *Père Antonio BOUCHER*..... 254

ANNEXE 2
Daniel-Ange : « La petite Li » 257
Minh : « L'inculturation réciproque » 258

ANNEXE 3
Frère-Pierre : « Par ma toute petitesse et mon impuissance sans limite, je veux chanter son amour à jamais ! » (Le carmel de la Vierge Missionnaire) 260

Témoignage d'*Anne de Blaÿ*, présidente de l'association *« Les amis de Van »* 270

NEUVAINE À VAN 277

Aux éditions
Le Sarment-FAYARD

« Je suis la vigne et vous êtes les sarments »
Jésus

Des livres au service de l'Évangile

Collection LUMIÈRE

Série **Jeunesse Lumière**
(Témoignages de jeunes d'aujourd'hui)

Ce Jésus que tu cherches, Marie-Michel et Daniel-Ange
Infinie sa tendresse, Marie-Michel
Ivre de vivre !, Daniel-Ange
Le pâtre blessé, Daniel-Ange
Carnet de route pour Compostelle, Hubert de Torcy
Nés pour aimer, Marie-Michel
Ton Roi, jeune comme toi, Daniel-Ange

Série **Lumière Vérité**
(Connaître le contenu de la foi chrétienne)

Un amour nommé Jésus, André Manaranche
Rue de l'Évangile, André Manaranche
Ton corps fait pour l'amour, Daniel-Ange
Ton corps fait pour la vie, Daniel-Ange
Premiers pas dans l'amour, André Manaranche
Questions de jeunes, André Manaranche
En séparant le sable et l'eau ... la création, André Manaranche
Adam où es-tu ? Le péché originel, André Manaranche
J'aime mon Église, André Manaranche
Comme un enfant-Mystique pour tous, André Ravier
Les fiançailles, Alain Quilici
La voix du bonheur, Alain Quilici
Grâce à Dieu !, André Manaranche

Vers un Nouvel Âge ?, Samuel Rouvillois
Prêtres pour le salut du monde, Jean-Marc Bot
Bioéthique et population : le choix de la vie, Michel Schooyans
Du savoir à la foi, Jean Milet
Lettre à un jeune sur la miséricorde, Didier Hascoët
Le Renouveau, printemps de l'Église, Daniel-Ange
Ton corps fait pour... un même corps ?, Daniel-Ange
Sida : safe-sex ou save-sex ?, Daniel-Ange
Un appel à la sainteté – Le Renouveau charismatique catholique, Paul Josef Cordes

Série **Témoins de la Lumière**
(Rencontrer des jeunes « saints » de notre temps)

Et si Dieu me parlait !, José-Maria Salaverri
Franck, ou le sida vaincu par l'espérance, Daniel-Ange
Les témoins de l'avenir, Daniel-Ange
L'amour ne peut mourir – Vie de Marcel Van, Marie-Michel
Lieutenant Tom Morel, André Ravier
Pier Giorgio Frassati – Les jours de sa vie, Luciana Frassati
La montagne, le vent, Dieu et moi, Kim Jeong Hun
Mes yeux pour l'Évangile, Giovanni Cristini
Dans 5 heures je verrai Jésus, Jacques Fesch
Florence, un jaillissement de vie et d'amour, A. & Th. Chaboche
Jean-Paul II, don de Dieu, Daniel-Ange
Nick ou le pouvoir d'aimer, Thérèse Vanier
Lahsen : vivre quand même, Marie-Thérèse Reinhard
Jacques Fesch, André Manaranche
Guy de Fontgalland (1913-1925) – Un sacrifice de louange, Ludovic Lécuru

Série **Serviteurs de la Lumière**
(Au service de l'Église)

Servir la messe, Denis Metzinger
Prier avec toi, Marie, Hubert Lelièvre
Être scout, Olivier Echasserieau
Mes vacances en chrétien, Denis Metzinger

Série **Paroles de Lumière**
(Écouter un maître spirituel)

L'amour me connaît – Écrits de Marcel Van, Marie-Michel
L'enfant de l'aurore – Correspondance de Marcel Van, Marie-Michel
L'Évangile vécu au désert, Lucien Regnault
Ta prière, un secret d'amour, Jean-Marc Bot
Sur le chemin de l'espérance, F.-X. Nguyen Van Thuan
Avec Marie au pas de l'Esprit, Louis Sankalé

François de Sales – Lettres intimes, André Ravier
Albert Peyriguère – disciple de Ch. de Foucauld, Michel Lafon
Thérèse, dis-nous ton secret, Louis Sankalé
Demeurer en sa présence, Louis Sankalé
Adorer avec Marie, Marie-Benoîte Angot
Prières d'espérance, F.-X. Nguyen van Thuan
Un autre regard sur l'homme, Maurice Zundel
Michel-Ange - Le tourment et la gloire, Simone Hills
Paul VI, maître spirituel, Dom Patrice Mahieu

Série **Frères de Lumière**
(Connaître les communautés qui font l'Église)

Dans le désert au pas des goums, Michel Menu
Les Maisons d'adoration, Marie-Benoîte Angot
Gennésaret, chemin de guérison, Monique Pichard

GUIDES TOTUS

Pour incarner l'Évangile dans la vie de tous les jours

Travailler avec méthode, c'est réussir, Pascal Ide
Les défis du jeune couple, Jacques Gauthier
Communiquer en famille, Marie-Madeleine Martinie
Face à la toxicomanie, Pierre de Parceveaux
Sous les drapeaux, Jean Delaunay
Visiter les prisonniers, Jean Delaunay
Debout les pères !, Philippe Oswald

Collection CE QUE DIT LE PAPE

1 - Marie, Mère de l'Église
2 - Aux jeunes d'aujourd'hui
3 - Le baptême
4 - Vocations dans l'Église
5 - Dans la joie du Christ
6 - Les droits de l'homme
7 - Se préparer au mariage
8 - L'Europe de demain
9 - Souffrir avec le Christ
10 - Le sacrement du pardon
11 - L'euthanasie
12 - Le Cœur de Jésus
13 - Sur la paix et la guerre
14 - L'école catholique
15 - De la sexualité à l'amour
16 - Diacres de Jésus-Christ
17 - La confirmation
18 - Aimer l'Église
19 - Le Corps et le Sang du Christ
20 - Satan et les forces du mal
21 - L'art et son message
22 - La prière
23 - Les Anges
24 - La Famille
25 - Saint Joseph
26 - L'Évangile en Asie
27 - Jésus-Christ, vrai Dieu, vrai homme

Ephata

LE MISSEL QUOTIDIEN, EN 3 VOLUMES, QUI ACCOMPAGNE TOUTE LA VIE

Ephata c'est aussi un livre de vie et de prière qui propose pour chaque jour une prière du matin, une homélie et une prière du soir centrées sur l'Évangile du jour. C'est également un véritable livre de formation doctrinale car il comporte plusieurs grands textes de réflexion : réforme du Concile Vatican II, exhortation Christifideles laici, présentation des livres de l'Écriture Sainte, ...

PRINCIPAUX COLLABORATEURS D'EPHATA

PRIÈRES DU MATIN ET DU SOIR
Frère EPHRAIM

INTRODUCTIONS
Étienne DAHLER
Cardinal Gabriel-Marie GARRONE
Dom Guy-Marie OURY

HOMÉLIES
Frère DOMINIQUE
Père Gérard DUFOUR
Fernand DUMONT
Père Michel GITTON
Père Pierre GONTIER
Père Jean-Rodolphe KARS
Père Mansour LABAKY
Frère MARIE-MICHEL
Dom Patrick OLIVE
Père Thomas PHILIPPE O.P.
Abbé PIERRE
Père Gabriel PRIOU
Père Alain QUILICI O.P.
Père Dominique REY
Père SAMUEL-BERNARD
Frères de la communauté de TAIZÉ
Père François de VORGES

MÉDITATIONS
Père Denis BAUDOT
Père Jacques BRAUX
Monseigneur CHARLES
Père DANIEL-ANGE
Cardinal Albert DECOURTRAY
Père Pierre-Marie DELFIEUX
Nicole ÉCHIVARD
Frère FRANÇOIS
Père Jacques HALLAIRE S.J.
Père André LECOQ
Cardinal Jean-Marie LUSTIGER
Mgr Albert-Marie de MONTLEON
Institut NOTRE-DAME DE VIE
Père Marie-Dominique PHILIPPE
Abbé PIERRE
Docteur Fernand SANCHEZ
Jean VANIER

SANCTORAL
Frère ISAIE et frère PIERRE-MARIE
Charlotte CHAUNU

Ephata

c'est aussi :

3615 EPHATA

Un message d'Espérance fondé sur ...

- l'enseignement de l'Église
- la force de la prière
- la découverte des autres

Catalogues et documentation sur simple demande à :

ÉDITIONS *Le Sarment*-FAYARD
75, rue des Saints-Pères - 75006 PARIS
Tél. : 01 45 49 82 00   Fax : 01 45 48 57 13
Minitel : 3615 code EPHATA

ACHEVÉ D'IMPRIMER
SUR LES PRESSES DE
L'IMPRIMERIE HÉRISSEY
À ÉVREUX (EURE)

N° d'éditeur : 0493
N° d'imprimeur : 80671
35-53-9906-01-5
ISBN 2-866-79262-9

Imprimé en France